지리로 지구 한바퀴

허운주 글 | 유인주 그림

아이앤북
I&BOOK

머리말

　내가 살고 있는 지구는 공처럼 생겼어요.

　그런데 이 공은 얼마나 클까요? 지구의 반지름이 약 6378km이니까 지름은 약 1만 2756km겠지요. 이 커다란 지구에는 수많은 사람이 각기 다른 모습으로 오늘을 살아가고 있어요. 나와 피부색도 다르고, 사는 집도, 먹는 것도 전부 달라요.

　그런데 얼마나 다른지는 어떻게 알 수 있을까요?

　'지리'는 그런 궁금증에서 나온 학문이에요. 평생 동안 태어난 곳을 한 번도 떠나보지 못했던 고대인들도 저 산 너머, 저 바다 건너에는 누가 사는지 궁금해했다고 하니까요.

　지리를 몰라도 불편하지는 않아요. 클릭만 하면 원하는 정보들이 인터넷에 넘쳐나니까요. 많이 안다고 훌륭한 사람도 아니에요. 다만 일생 동안 긴 여행을 하는 우리가 지리에 대해 조금 더 알면 세상을 살아가는 일이 더욱 즐거울지 몰라요.

　눈을 감아보세요. 그리고 지구 반대편 대륙을 떠올려보세요. 그들은 지금 무엇을 하고 있을까요? 그들이 먹는 음식은 언제 만들어졌을까요? 이렇게 꼬리에 꼬리를 무는 상상여행을 즐기려면 지구의 얼굴이 어떻게 생겼는지 찬찬히 들여다볼 필요가 있어요.

지금 이 순간 70억 명의 사람들이 지구와 함께 호흡하고 있어요. 이들 모두와 친구가 된다는 것은 불가능한 일이에요. 하지만 지구가 들려주는 이야기에 귀 기울인다면 우리는 앞으로 지구의 친구로, 세계인의 친구로 살아갈 수 있을 거예요.

허운주

차례

I 지도로 배우는 지구 한 바퀴

01 고대인들이 생각한 지구 · 9
02 동그란 지구본으로 세계 여행 · 12
03 옛 지도로 세계 여행 · 19
부록1 세계의 자연유산 아시아편 · 26

II 세계의 자연과 문화로 지구 한 바퀴

01 자연환경으로 세계 여행 · 31
02 전통의상으로 세계 여행 · 40
03 축제로 세계 여행 · 48
부록2 세계의 자연유산 유럽편 · 66

III 육지가 넓고 인구가 많은 북반구를 한 바퀴

01 인구가 가장 많은 아시아 · 71
02 노벨평화상을 받은 유럽 · 76
03 합리적 실용주의, 북아메리카 · 82
04 얼어붙은 바다, 북극권 · 88
부록3 세계의 자연유산 북아메리카편 · 92

IV 바다가 넓고 자원이 풍부한 남반구를 한 바퀴

01 축구의 대륙, 남아메리카 · 97
02 최초의 인류가 등장한 아프리카 · 106
03 캥거루와 마오리족의 오세아니아 · 112
04 세계의 연구소 총집합, 남극 · 120
부록4 세계의 자연유산 남아메리카편 · 126

V 냠냠 짭짭, 음식으로 지구 한 바퀴

01 진정한 웰빙 아시아 · 131
02 아이들이 좋아하는 음식 총출동 유럽 · 136
03 굽고, 튀기고, 끓이고 아메리카 · 141
04 맥주와 치즈를 전파한 아프리카 · 144
TIP 밥상의 탄소발자국 · 148
부록5 세계의 자연유산 오세아니아편 · 150

지도로 배우는 지구 한 바퀴 I

우리가 사는 세상을 '지구촌'이라고 부른단다. 지구촌은 지구 전체가 하나의 마을로, 사람들 모두가 서로를 알게 되고 모든 정보의 혜택을 누리는 사회를 말한단다. 또한 교통의 발달로 지구 어느 곳이든 갈 수 있고, 인터넷에 접속만 하면 지구 반대편 소식도 생생하게 알 수 있지.

세계의 자연과 문화는 오랜 역사를 바탕으로 만들어졌어. 그 역사를 만든 원천은 인간의 상상력이야. 지구촌이란 말도 마찬가지야. 지구촌이란 말은 1945년 영국 잡지에 실린 소설 '외계로부터의 전달'에서 시작됐단다. 작가는 지구의 자전 속도와 같은 인공위성 이야기를 상상해 썼는데, 소설 속 이야기가 50년도 되지 않아서 실현됐다니 정말 신기하지?

인간이 과거에서 현재까지 지구에 대해 어떤 상상을 했는지 살펴보자. 왜 살펴봐야 하냐고? 문명과 과학이 탄생하고 발달하는 과정이기 때문이야. 과거와 현재를 넘나드는 즐거운 상상여행, 즐겁지 않니?

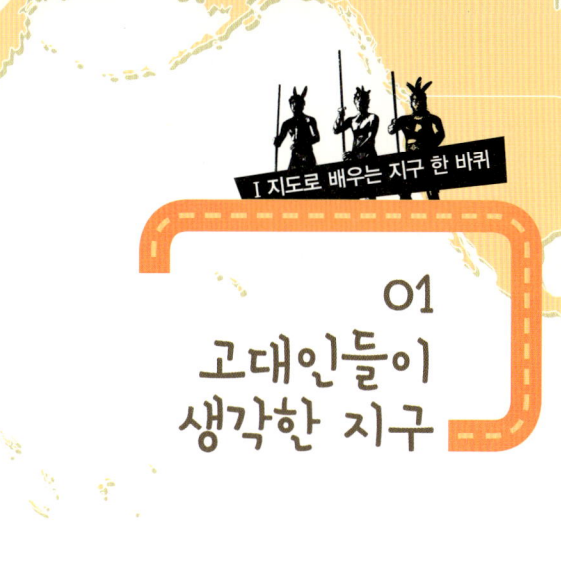

I 지도로 배우는 지구 한 바퀴

01
고대인들이
생각한 지구

고대인들은 바다를 향해 끝까지 가면 폭포같은 낭떠러지가 있어서 지구 밖으로 떨어질 것이라고 생각했대. 지금 생각하면 터무니 없는 이야기이지만 태어나서 한 번도 고향을 떠나본 적이 없는 그들에게는 당연한 생각일지도 몰라.

✦ 인간의 상상이 만들어낸 지구의 모양

고대인들이 생각한 지구의 모양은 어땠을까?

지금으로부터 5000년쯤 전에 지구에는 4개의 문명이 발생했어. 지금의 이란 이라크 지방의 메소포타미아 문명, 나일 강의 이집트 문명, 인도의 인더스 문명, 중국의 황허 문명이야.

그중 메소포타미아 문명이 가장 먼저 들어섰는데, 쐐기 문자를 만들어 썼던 수메르인들은 자신들이 사는 땅을 평평한 대지라고 생각했어.

그리고 얇고 둥근 천장인 하늘이 대지를 덮고 있고, 하늘과 대지 사이에 태양, 달, 행성, 별 등이 신의 명령에 따라 움직인다고 믿었지. 자신들이 살고 있는 대지는 바다 위에 둥둥 떠 있다고 생각했고.

인더스 문명을 일으킨 고대 인도인들은 지구를 어떻게 생각했을까? 그들은 반구 모양의 지구를 코끼리가 받치고 있다고 생각했어. 코끼리는 아주 큰 거북이 받치고 있고, 큰 거북은 커다란 뱀이 감싸고 있다고 생각했어.

고대 이집트인들은 큰 산으로 된 기둥 4개가 하늘을 떠받치고 있고, 천체는 이 하늘에 매달려 있다고 생각했어.

이것은 모두 인간의 상상이 만들어낸 그럴듯한 이야기야.

고대 인도인들이 생각한 지구 모습

✦ 모든 별들은 지구를 중심으로 돈다

　지중해에 들어선 미케네 문명은 그리스의 도시 국가를 건설했어. 이들은 아테네를 중심으로 예술과 철학을 발전시켰는데, 철학자들은 태양계와 우주의 수수께끼를 과학적으로 풀려고 노력했어.

　기원전 6세기 수학자인 피타고라스는 공 모양을 한 지구가 우주의 중심이며, 모든 천체는 지구의 주위를 돈다고 주장했어. 또한 '항성'과 '행성'이 서로 다르다는 것을 밝혀냈지. 항성은 태양처럼 항상 그 자리에 있는 별이고, 행성은 항성 주위를 돌면서 빛을 얻는 별이지. 그는 하늘에 떠있는 빛나는 별은 모두 같지 않다고 생각한 최초의 과학자였단다.

　모든 별들이 지구를 중심으로 돈다는 피타고라스의 주장은 '지구가 태양 주위를 돌고 있다'고 이야기한 17세기 갈릴레오 갈릴레이가 등장하기까지 아주 오랜 시간 동안 이어졌단다.

갈릴레이

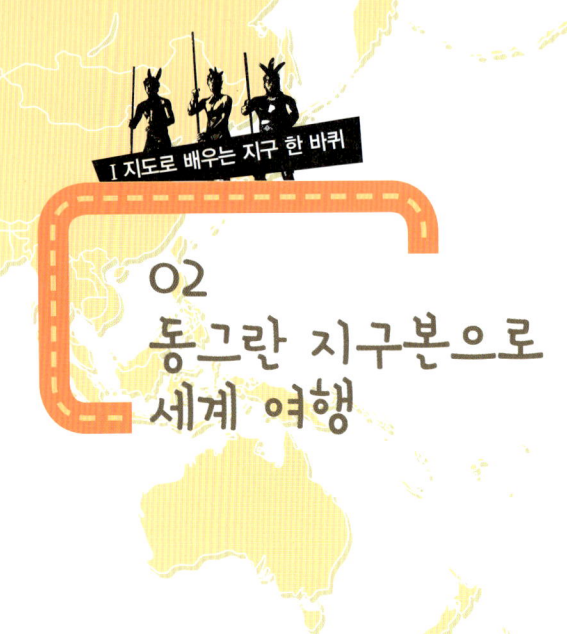

I 지도로 배우는 지구 한 바퀴

02 동그란 지구본으로 세계 여행

 2014년 월드컵은 축구 종주국인 브라질에서 열려. 축구의 전설 펠레와 카카, 호나우두 등이 모두 브라질 출신이란다. 그럼 축구의 나라 브라질은 어디에 있을까? 남아메리카 중앙부에 위치한 브라질을 찾기 위해서 지구본을 돌려볼까, 세계지도를 펼쳐볼까?

✦ 5대양 6대주

 지도를 펼쳐봐. 큰 땅덩어리인 대륙이 6개 있고, 큰 바다가 5개 있을 거야. 대륙은 아시아, 유럽, 아프리카, 북아메리카, 남아메리카, 오세아니아 등이고, 바다는 태평양, 인도양, 대서양, 북극해, 남극해 등이야. 이를 합쳐 5대양 6대주라고 부른단다.
 언제부터 이렇게 구분했을까? 아프리카, 아시아, 유럽은 문명이 탄생한 곳이어서 아주 옛날 지도에도 등장한단다. 하지만 15세기 이전에 만

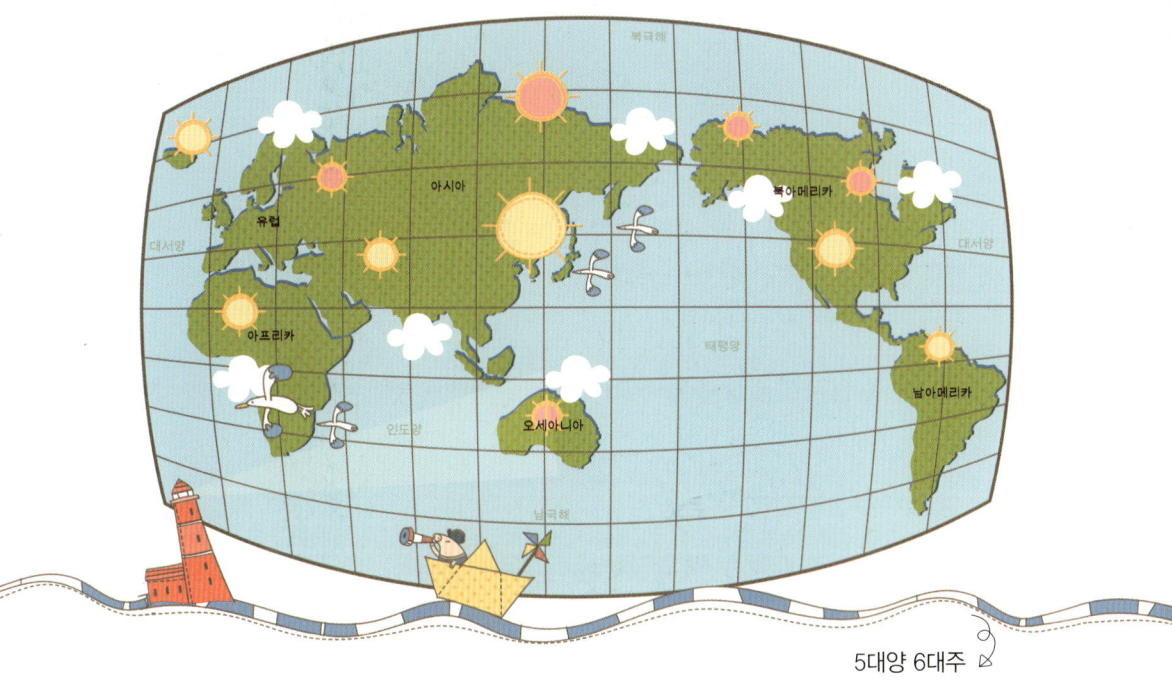

5대양 6대주

들어진 지도에는 아메리카와 오세아니아가 등장하지 않아. 왜 그럴까? 아직 유럽인들에게 발견되지 않은 땅이었거든.

✦ 정확한 지구본 vs 편리한 평면지도

 1519~1521년 포르투갈 탐험가인 마젤란이 세계 일주에 성공하면서 세상 사람들은 지구가 둥글다는 것을 알게 됐어. 그래서 이때부터 지구본이 등장하게 됐지. 지구본은 둥근 지구를 본떠 만들었기 때문에 대륙의 위치나 면적이 정확했어. 하지만 뱅글뱅글 돌려서 찾아봐야 하고, 여행갈 때 들고 다니기도 불편했지.

 반면 평면지도는 세계 곳곳을 한눈에 볼 수 있어서 편리해. 하지만 공처럼 둥근 지구를 평평하게 만들었기 때문에 면적과 거리, 방위가 정확하지 않았어.

"신대륙을 발견하고 지구가 둥글다는 것도 밝혀냈는데 그걸 증명하는 정확한 지도 한 장 못 만든단 말인가?"

당시 유럽의 지리학자들은 식민지 개척에 혈안이 된 왕들에게 이런 눈총을 받았단다. 그래서 세계지도가 만들어지게 됐는데, 그중 가장 유명한 2가지를 소개할게.

▲ 길이가 왜곡된 메르카토르 도법

네덜란드의 지리학자 메르카토르가 그린 지도로, 원통 안에 동그란 지구를 넣고 빛을 쏘아 만들어진 그림자로 세계지도를 완성했어.

메르카토르 도법으로 그린 세계지도

16세기는 대항해시대로, 탐험가들은 나침반이 가리키는 정북(N) 방향을 기준으로 지도상에서 출발점과 도착점을 직선으로 연결해 그 선을 따라 항해하면 목적지에 도착할 수 있었어.

메르카토르는 지구의 위선과 경선 사이의 각도를 정확하게 그렸지만, 각도에 집중하다 보니 길이가 왜곡되는 현상까지는 막을 수 없었어. 그래서 극지방이 실제 크기보다 크게 그려졌지.

그럼에도 불구하고 여전히 메르카토르 도법은 세계지도를 제작하는데 가장 많이 쓰여. 왜 그럴까. 적도를 중심으로 남북위 40도까지는 거의 정확하거든. 항해할 때 전혀 불편함이 없단다.

🔺 땅의 넓이가 정확한 몰바이데 도법

19세기 독일의 천문학자 카를 몰바이데의 이름을 붙인 지도로, 비교적 땅의 넓이를 정확하게 계산해 지도를 제작했단다.

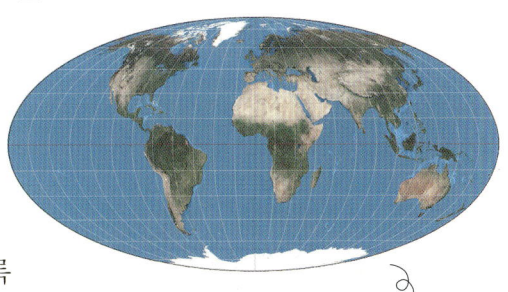

몰바이데 도법으로 그린 세계지도

지구본에서 양 극지방을 지나도록 세로로 반을 자른 뒤, 앞에 보이는 한 쪽 면은 지도에 원 모양으로 그리고, 반대쪽 면은 다시 둘로 나눠 처음 그린 원의 바깥쪽으로 연장해 그렸어.

이 지도는 적도를 지나는 위선과 양 극지방을 지나는 중앙 경선의 비를 2:1로 그렸기 때문에 타원 모양이야. 지도의 모든 위선은 직선이고, 중앙 경선을 제외한 나머지 경선은 곡선이지. 이 지도는 면적이 정확하기 때문에 세계의 다양한 분포도나 아프리카, 북아메리카 등의 대륙지도, 유럽 중심의 세계지도에 많이 이용된단다.

✦ 최초로 지구의 허리를 잰 에라토스테네스

고대에는 지구의 크기를 어떻게 알아냈을까? 그리스의 수학자 에라토스테네스는 기원전 200년경 최초로 지구의 둘레를 측정했어. 에라토스테네스는 다음과 같은 세 가지 가정을 세웠어.

① 지구는 완전한 구 모양이다.

② 지구로 들어오는 태양광선은 어느 지역에서나 평행하다.

③ 평행한 두 직선과 다른 직선이 만나 생기는 동위각은 항상 같다.

그는 하짓날(6월 22일경) 정오에 이집트의 작은 마을 시에네의 우물에 해가 수직으로 비친다는 사실을 알아냈어. 그리고 같은 시각, 시에네와 같은 경선 위에 있는 알렉산드리아에서 해시계의 그림자를 재어서 햇빛이 수직선과 약 7도 12분의 각도를 이루고 있음을 밝혀냈지. 이를 이용해 지구의 둘레를 구하기 위한 비례식을 세웠는데, 그 식은 다음과 같아.

지구의 둘레 : 두 지역의 거리 = 360도 : 7도 12분

두 지역 사이의 거리는 지금의 값과 비교하면 오차가 있지만 비례식에 대입해 구한 지구의 둘레(약 4만 5000km)는 현재 우리가 알고 있는 지구의 둘레(약 4만km)와 비슷해. 정말 대단하지 않니?

✦ 지구의 가로선, 위선

위선은 지구의 한가운데인 적도를 기준으로 남북을 90도로 나눈 것으로, 북쪽을 북위, 남쪽을 남위라고 부른다. 그리고 이 각도를 위도라고 불러. 위도에 따라 기후가 달라진단다.

지구는 23.5도 기울어진 상태로 하루에 한 바퀴씩 자전을 하고, 1년에 한 번 태양 주변을 돌지.

지도를 보면 한가운데 그어진 선이 적도야. 적도 주변의 나라들은 태양이 거의 수직으로 비치기 때문에 기온이 높아. 적도를 따라가면 나이지리아, 인도네시아, 에콰도르, 브라질 같은 나라가 나온단다. 적도 지

위선이 표시된 남아메리카 중심의 지도

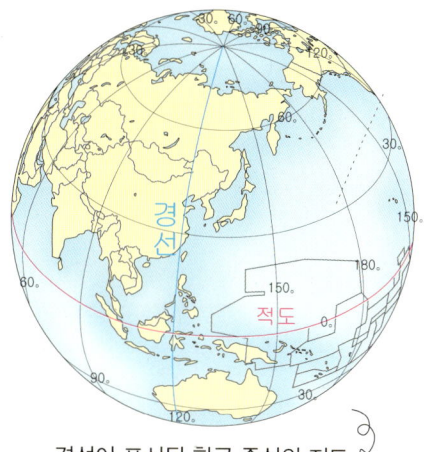
경선이 표시된 한국 중심의 지도

역은 빙하기에도 따뜻했어. 최초의 인류가 아프리카에서 탄생한 것도 이런 기후 조건 때문이야.

✦ 지도의 세로선, 경선

경선은 북극에서 남극까지 그은 선으로, 위선과 직각으로 만나는 선이야. 영국 그리니치천문대를 기준으로 지구를 한 바퀴를 돌면 360도이기 때문에 동경 180, 서경 180도로 나누었지. 나라의 위치를 이야기할 때 동경의 숫자가 크면 동쪽으로 많이 가 있다는 뜻이고, 서경의 숫자가 크면 서쪽으로 많이 가 있다는 말이야.

우리나라 독도는 동경 132, 북위 37이야. 영국보다 동쪽으로 132도, 적도를 기준으로 북쪽으로 37도인 곳에 있다는 뜻이야.

동경 180도와 서경 180도가 만나는 지점을 '날짜 변경선'이라고 하는데, 날짜 변경선의 왼쪽에 있는 나라들은 오른쪽에 있는 나라들보다 하루가 빠르단다.

쥘 베른의 소설 '80일간의 세계 일주'에서 주인공 포그는 영국에서 동쪽으로 출발해 세계 일주를 했어. 동경 180도에 있는 날짜 변경선을 통과한 것이지. 그 결과 하루를 벌어 80일 5분 만에 도착하지만 영국은 79일째였기 때문에 내기에서 이길 수 있었던 거야.

03 옛 지도로 세계 여행

I 지도로 배우는 지구 한 바퀴

옛날부터 지도는 나라의 경계를 나타내기 때문에 전쟁을 치를 때 중요한 자료였어. 지도 없이는 전쟁을 치를 수가 없었지. 그래서 나라마다 정확한 지도를 만들려고 노력했어.

세계 최초의 지도는 기원전 2500년 경에 만들어진 고대 바빌로니아 지방의 진흙판 지도야. 고대 이집트 사람들도 파피루스에 지도를 만들었다는 기록이 있단다.

태어나서 먼 길을 떠날 일이 거의 없던 고대 문명을 만든 이집트인들에게 왜 지도가 필요했을까?

이곳은 홍수가 잦아 농사짓는 땅의 경계가 자주 바뀌었대. 땅의 경계가 분명해야 세금을 제대로 걷을 수 있기 때문에 나라에서는 정확한 지도가 필요했단다.

✦ 세계의 옛 지도

▲ 현재의 모습과 가장 흡사한 프톨레마이오스 지도

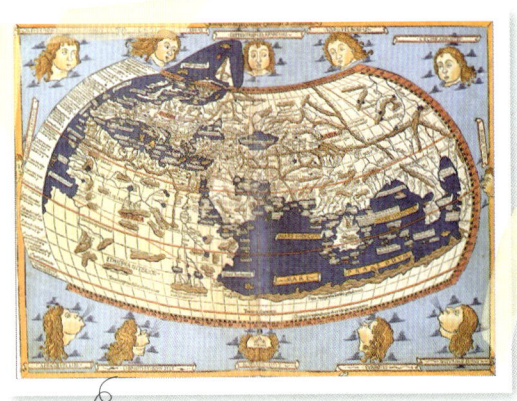
◁ 프톨레마이오스 세계지도의 필사본(15세기)

지금의 세계지도와 가장 흡사한 지도는 2세기 무렵 그리스 천문학자 프톨레마이오스가 만든 지도야. 그는 그리스·로마 철학과 과학 지식을 총동원해서 유럽과 중국이 등장하는 지도를 만들었단다. 정말 대단하지? 그의 지도에는 8000여 곳의 지명이 등장했는데, 이후 유럽인들은 프톨레마이오스 지도를 보며 탐험을 했단다. 1492년 신대륙을 찾기 위해 대항해를 시작한 콜럼버스도 이 지도를 참고했지.

콜럼버스가 신대륙을 발견한 후 세계지도에는 아메리카가 등장했어. 그리고 17세기에 영국과 에스파냐, 포르투갈의 식민지 쟁탈전이 시작되면서 세계지도에 오세아니아도 등장했지.

숨겨진 대륙의 발견은 새로운 땅을 개척하기 위한 인간의 모험 정신을 나타내기도 했지만, 유럽 열강에 핍박받는 원주민의 역사를 만들기도 했단다.

▲ 자기중심적 세계관이 깃든 세계지도

13세기에 만들어진 헤리퍼드 세계지도는 기독교의 성지인 예루살렘을 중심으로 가로 133cm, 세로 158cm 안에 세계를 표현했어. 커다란 오각형 안에 동그란 모양의 세계지도가 들어가 있단다. 원 안에 육지가 있고, 원 밖은 바다로 표현되어 있는데, 인도의 갠지스 강과 인더스 강, 바빌로니아의 유프라테스 강, 페르시아 만과 홍해, 그리고 이집트의 나일 강까지 표시되어 있어.

12세기에 제작된 중국의 고금화이구역총요도는 중국의 왕권 사상이 드러나는 세계 최초의 인쇄지도란다. 다른 세계지도와 달리 여러 가지 색을 사용하지 않고 하나의 색만을 이용했어.

알 이드리시의 세계지도는 이슬람 문명을 대표하는 세계지도인데, 이슬람의 성지인 메카를 중심으로 세계를 표현했어. 이슬람인들은 다른 문화권을 배척하

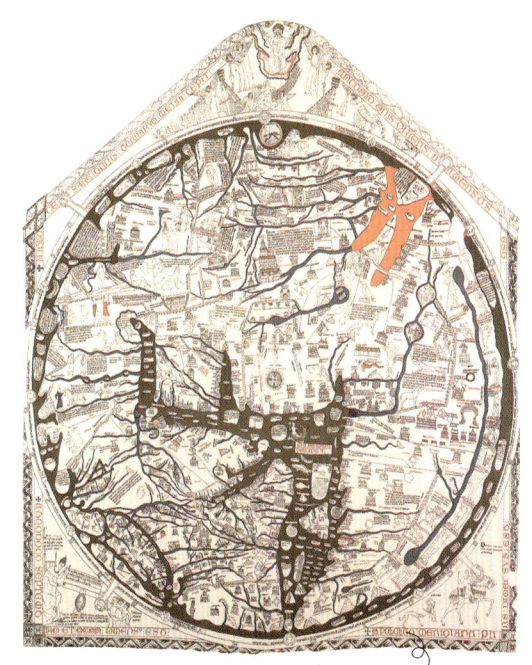
헤리퍼드 세계지도(13세기)

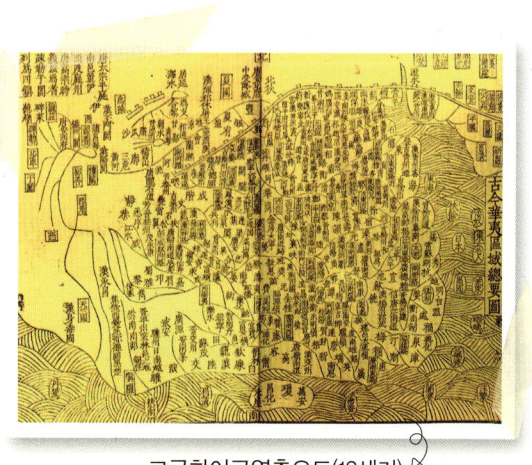
고금화이구역총요도(12세기)

지 않았어. 그래서 알 이드리시 세계지도는 특정 세계관에 얽매이지 않고 아프리카, 유럽, 중국까지 넓은 범위를 표현하고 있단다.

세계의 옛 지도를 통해 우리가 알 수 있는 사실은 모두가 자기들이 사는 나라와 문명을 중심으로 지도를 제작했다는 사실이야. 지도는 당시 사람들의 세계관을 나타내고 있다고 볼 수 있어.

✦ 조선의 옛 지도
▲ 혼일강리역대국도지도

조선시대에는 전국 군현에 관리를 파견하고, 만 16세 이상 남자들에게 호패를 차게 하고, 세금도 걷어야 하기 때문에 정확한 지도가 필요했어. 조선은 어떻게 지도를 만들었을까?

오늘날의 주민등록증 같은 호패를 만든 임금은 세종대왕의 아버지인 태종이야. 태종은 국방을 튼튼히 하고 세금을 잘 걷어 굳건한 나라를 만들기 위해 우리나라가 들어가 있는 세계지도를 제작하도록 명령했어. 이것이 혼일강리역대국도지도야.

'혼일=세계', '강리=영토', '역대국도=대대로 내려오는 나라' 라는 뜻이야. 말하자면 대대

혼일강리역대국도지도(1402년)

로 내려오는 세계 여러 나라의 영토를 그린 세계지도인 셈이지.

가로 164㎝, 세로 148㎝인 이 지도에는 중국이 한가운데에 있고, 동쪽에는 조선과 일본, 서쪽에는 유럽, 아프리카 대륙이 있어. 지금의 모습과 차이가 많이 나지? 왜냐하면 과학 기술이 발달되지 않아서 학자들이 여러 지도를 참고해서 그렸기 때문이야. 정확하지 않으면 지도의 가치가 떨어지지만 이 지도를 자세히 보면 140여 나라의 이름이 적혀 있단다.

아쉽게도 혼일강리역대국도지도는 전해지지 않고 일본에 필사본이 남아 있어. 현재 서울대학교 규장각에 있는 혼일강리역대국도지도는 일본에 있는 필사본을 다시 베낀 것이란다.

▲ 천하를 상상하라, 천하도

천하도를 본 적 있니? 천하를 그린 상상도라고 보면 된단다.

지구본처럼 동그란 모양 가운데 조선과 중국, 일본이 있어. 그 주변으로 사각형 안에는 나라 이름이 쭉 펼쳐지는데, 삼신국, 삼수국, 일목국 등 이름이 다양해.

삼신국은 몸이 세 개인 사람들이 사는 나라, 삼수국은 머리가 셋 달린 나라, 일목국은 눈이 하나 있는 나라겠지? 이런 나라가 실제 있는 것이 아니라 상상의 나라란다.

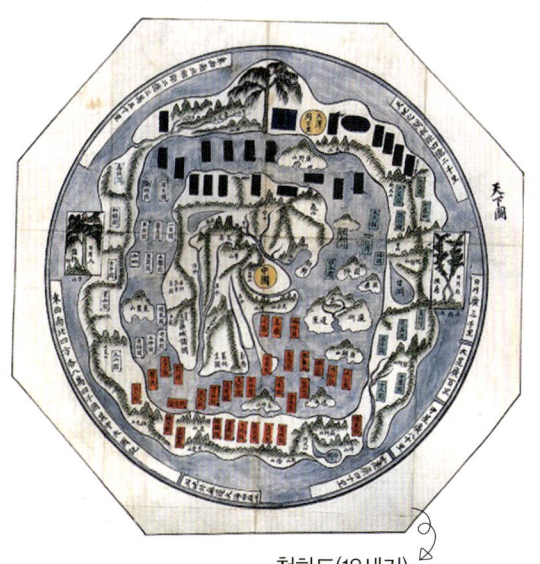

천하도(18세기)

대동여지도(1861년)

왜 이런 상상의 지도를 그렸을까? 옛날 사람들은 죽을 때까지 자기 고향을 떠난 적이 없었어. 그래서 분명 어딘가에 이야기 속 나라들이 실제로 있을 거라고 생각했지. 아마도 이 지도를 보면서 상상의 나라로 떠나보기도 했을 거야. 괴물들이 사는 나라가 있다는 생각, 행복의 나라가 있다는 생각, 언젠가는 그곳에 가볼 것이라는 즐거운 생각을 했던 거야.

▲ 대동여지도

우리나라의 옛 지도 중 가장 유명한 지도는 조선 후기 김정호가 그린 대동여지도야.

임진왜란과 병자호란을 겪은 조선 사람들에게는 큰 변화가 있었단다. 유교가 아무리 뜻이 좋은 학문일지라도 백성을 고통에서 구할 수는 없었어. 백성들을 위한 실질적인 학문이 필요했지. 그래서 농업, 상공업, 과학, 지리 분야에서 실학자들이 대거 등장해 이용후생을 주장했어. 이용후생은 백성의 생활을 이롭게 하고 삶을 풍요롭게 한다는 뜻이야.

세금을 제대로 걷기 위해서는 정확하고 빠른 길이 표시되어 있는 지도가 필수야. 또한 상인들은 필요한 물건을 사기 위해 특산품이 나는 곳이 표시된 지도가 필요했어.

대동여지도는 현재 우리나라 지도와 매우 비슷해. 10리(4km)마다 점을 찍어 거리를 정확하게 알 수 있고, 종이로 만들어 휴대하기가 쉬웠지. 게다가 목판으로 인쇄해서 대량 유통이 가능해지면서 상인이나 정부 관리들을 비롯해 많은 사람들이 유용하게 사용했어.

우리나라 역사상 최고의 지도인 대동여지도는 보물 850호로 지정돼 있단다. 게다가 현존하는 전국지도 중 가장 큰 지도로, 크기는 가로 4m에 세로 7m야. 이렇게 큰 지도를 어떻게 들고 다녔냐고? 책처럼 만들어서 들고 다녔어. 지도책 말이야.

김정호는 이렇게 정확한 지도를 어떻게 만들었을까? 어떤 사람들은 전국 방방곡곡을 돌아다니며 그렸다고 하는데, 실제로는 그렇게 일일이 돌아다니기도 힘들 뿐만 아니라 사람의 눈으로 보는 것은 한계가 있어서 정확한 지도를 만들기 어려워. 그래서 김정호는 많은 자료를 참고했어. 조선 후기에 중국에서 들여온 세계지도인 '곤여만국전도'를 보면 지도를 제작하는 기술이 매우 발달했던 것을 알 수 있어. 김정호는 이런 자료들을 종합하고 연구해 대동여지도를 만들었을 거야. 이유야 어쨌든 정말 대단한 일을 한 것은 분명해.

부록1 세계의 자연유산 아시아편

◆◆ 아시아는 세계 최대의 대륙으로 웅장한 산맥이 많아 명소가 무척 많단다. 유네스코는 세계의 자연 중에서 지키고 보존해야 할 가치가 있는 것을 세계자연유산으로 지정했어. 아시아에서 만날 수 있는 세계자연유산으로는 어떤 것이 있는지 살펴볼까?

성산일출봉

한국 제주 화산섬과 거문오름용암동굴계

한반도 남쪽 끝에 위치한 제주는 원래 화산섬이야. 땅속에서 쏟아져 나온 용암이 만든 독특한 모양의 용암동굴과 화산 지형이 많아 연구학적 가치가 높다고 인정되어 2007년 유네스코 세계자연유산으로 지정됐어. 유네스코는 한라산, 성산일출봉, 거문오름용암동굴계를 세계자연유산목록에 등재했단다.

제주도의 한가운데 우뚝 솟아 있는 한라산(1950m)에는 360개의 기생화산(오름)이 있어. 한라산은 우리나라를 대표하는 생태계의 보고로, 1200여 종의 동물과 1900여 종의 식물이 서식하고 있어. 하지만 아직 확인되지 않은 동식물이 많아 한라산에 서식하는 정확한 동식물의 수를 알지 못할 정도란다.

용암동굴

제주도 거문오름용암동굴계의 대표적인 동굴인 만장굴은 세계 최장 길이의 용암동굴로, 한라산 분화구에서 흘러내린 용암이 바다로 나아가면서 형성됐다고 해. 총 길이가 8928m, 높이가 20~30m로, 그 규모가 세계적으로 손꼽히지. 동굴 안에는 고드름처럼 생긴 종유석과 땅에서 돌출되어 올라온 석순이 만나 기둥을 이룬 석주의 모양이 매우 희귀하게 생겨 그 가치가 매우 높다고 해.

황산

중국 황산

중국에서 가장 아름다운 산으로 알려진 황산은 중국인의 정신이 깃들어 있는 곳이야. 고대 중국 황제가 이곳에서 불로장생의 약

을 빚었다는 기록이 있단다.
황산의 4대 명물은 조각한 듯 빼어난 기암괴석과 1년 내내 푸른 소나무들, 자욱한 구름과 안개, 그리고 온천이야. 온천을 찾는 관광객의 발길이 끊이지 않는다고 해.
봉우리가 72개, 유명한 명승지가 400곳이 넘으며, 안개가 끼었을 때는 한 폭의 아름다운 산수화라고 할 정도로 멋진 장면을 연출하지.
유네스코는 1990년 이곳을 세계자연유산과 세계문화유산으로 동시에 지정했단다.

일본 야쿠시마

야쿠시마는 우리나라 울릉도 7배 정도 크기의 섬이야. 90%가 산으로 이루어져 있는데, 해발 1000m가 넘는 산이 30여 개나 있단다. 산이 많고, 따듯한 기후와 추운 기후가 섞여 있어서 생태계도 매우 다양해. 특히 천 년 이상 된 거대한 삼나무 숲은 절경을 이루지. 그래서 야쿠시마를 '바다의 알프스'라고 부른단다. 유네스코는 1993년 세계자연유산으로 지정했어.

야쿠시마

가장 신기한 나무는 조몬스기야. '조몬'은 신석기 시대를 뜻하고, '스기'는 삼나무를 말해. 신석기 시대에 태어난 이 나무는 나이가 7200살이며, 뿌리 둘레가 43m, 나무 둘레가 16m, 높이가 30m라고 하니 크기가 어마어마하지? 이밖에도 2500년을 산 '니다이스기', 3000년이 된 '기겐스기' 같은 다양한 삼나무 천국이란다. 미야자키 하야오 감독의 '모노노케 히메(원령공주)'의 무대가 바로 이 섬이었대. 한번 가보고 싶지 않니?

세계의 자연과 문화로 지구 한 바퀴 II

자연환경은 인간의 생활과 밀접한 관련이 있어. 학자들은 자연환경과 인간의 생활이 어떻게 관련 있을까를 분석해 두 가지 학설을 내놓았단다.

환경결정론은 인간의 생활양식이 기후, 지형, 식생과 같은 자연환경에 의해 결정된다고 보는 학설이야. 어떤 지역의 전통의상이나 음식문화, 주거 등이 그 지역의 기후나 지형 등의 영향을 받아 한대기후에서는 이글루, 열대지방에서는 물 위의 집 등의 주거생활로 나타나는 거지. 또한 재배하는 농목업, 즉 열대기후의 바나나와 고무나무, 건조기후의 대추야자를 재배하는 것도 환경의 영향을 받았다고 본단다.

환경가능론은 자연환경에 인간이 순화하고 적응하는 것이 아니라 적극적으로 대처하면서 일정부분을 바꾸어 자연환경을 극복하는 경우를 말해. 갯벌을 매립해 간척지를 조성한다든지 홍수나 가뭄에 대비해 댐을 건설하는 등 인간이 가진 기술로 자연현상에 적극적으로 대처해나가는 거야.

자연환경이 우리 지구를 어떻게 발전시켰는지 살펴볼까?

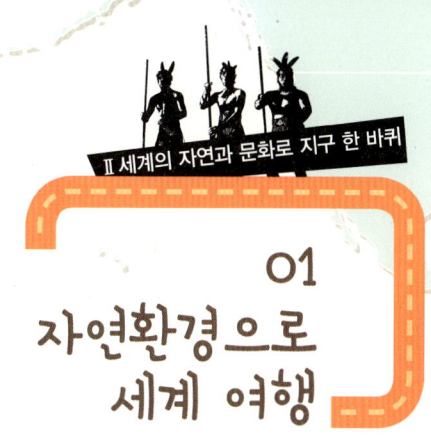

01 자연환경으로 세계 여행

　세계에 많은 나라가 있듯이 지구촌 사람들의 음식, 옷, 집도 모두 달라. 왜 그럴까? 기후가 다르기 때문이야. 기후는 한 장소에서 오랜기간 동안 기온과 강수량, 바람 등을 평균낸 거야.

　기후는 지구의 가로선인 위도에 의해 달라지고, 위도에 따라 그곳에 사는 동식물도 달라진단다. 결국 기후는 자연환경을 결정짓는 중요한 열쇠야.

　이밖에 적도와의 거리, 바다와의 거리, 고도, 산맥 등이 기후에 영향을 미쳐. 적도에 가까울수록 덥고, 멀수록 추워. 흙은 빨리 데워지고 빨리 식는 반면 바다는 천천히 데워지고 천천히 식지. 그래서 바다가 가까운 지역은 따뜻하고, 먼 지역은 추운 거야. 또 고도가 100m 올라갈 때마다 기온은 0.5도 낮아져. 산 위가 평지보다 서늘한 이유도 바로 이 때문이지.

대체로 기후는 평균 기온과 강수량을 기준으로 크게 5가지(건조, 온대, 한대, 냉대, 열대)로 구분한단다. 이 기준으로 기후를 분리한 사람이 독일의 기상학자 쾨펜이야.

✦ 세계 여러 나라의 기후

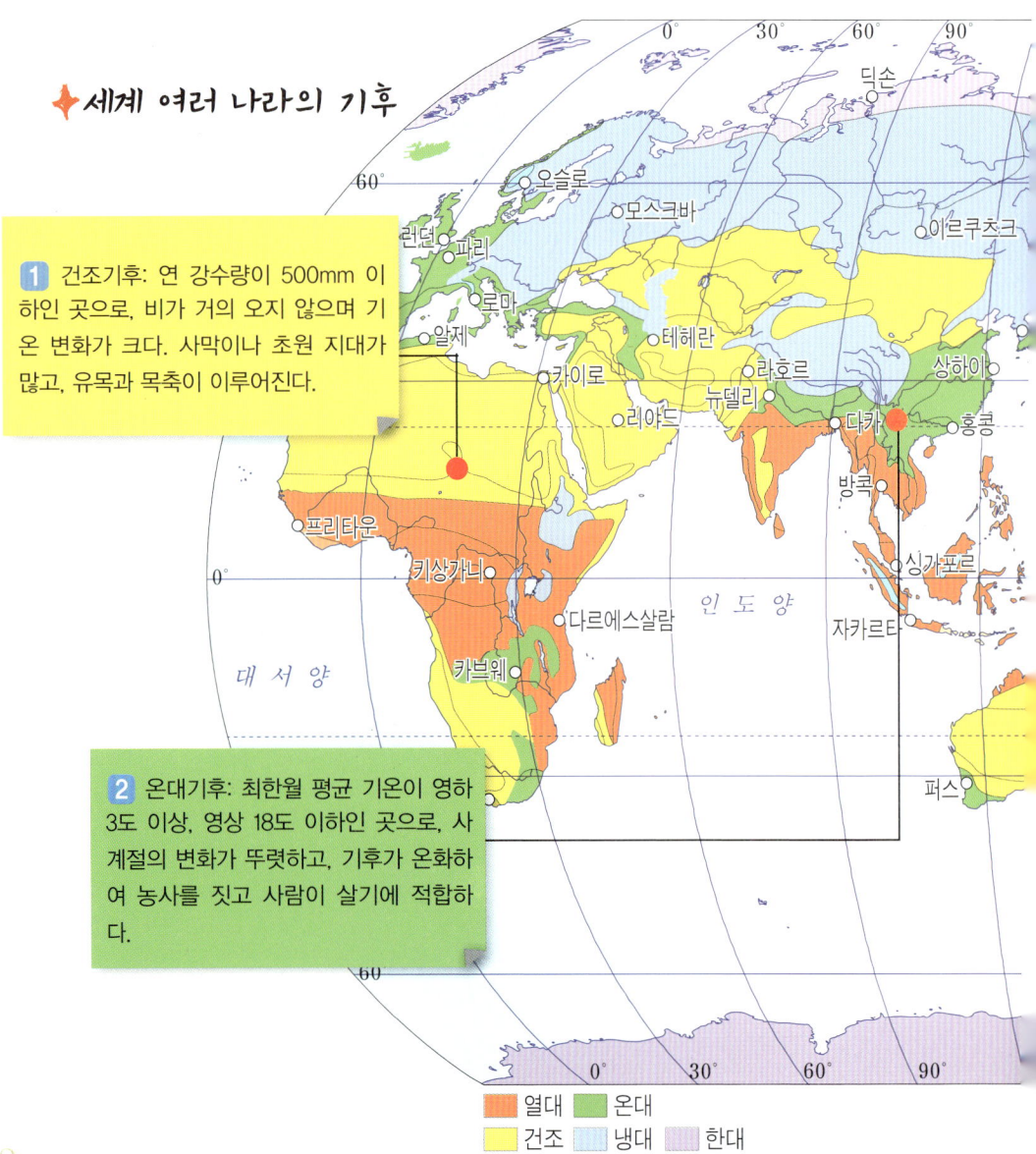

1 건조기후: 연 강수량이 500mm 이하인 곳으로, 비가 거의 오지 않으며 기온 변화가 크다. 사막이나 초원 지대가 많고, 유목과 목축이 이루어진다.

2 온대기후: 최한월 평균 기온이 영하 3도 이상, 영상 18도 이하인 곳으로, 사계절의 변화가 뚜렷하고, 기후가 온화하여 농사를 짓고 사람이 살기에 적합하다.

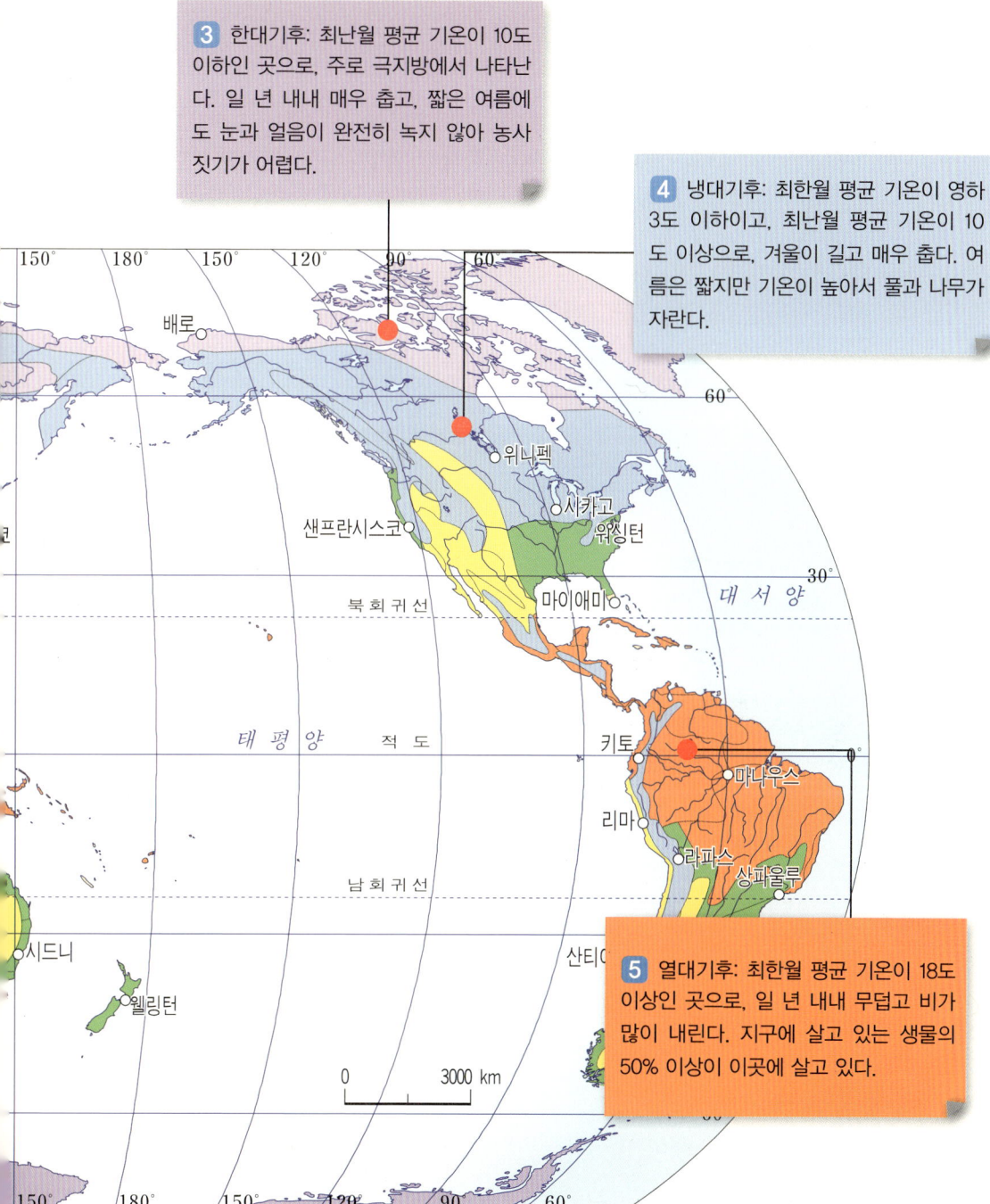

3 한대기후: 최난월 평균 기온이 10도 이하인 곳으로, 주로 극지방에서 나타난다. 일 년 내내 매우 춥고, 짧은 여름에도 눈과 얼음이 완전히 녹지 않아 농사 짓기가 어렵다.

4 냉대기후: 최한월 평균 기온이 영하 3도 이하이고, 최난월 평균 기온이 10도 이상으로, 겨울이 길고 매우 춥다. 여름은 짧지만 기온이 높아서 풀과 나무가 자란다.

5 열대기후: 최한월 평균 기온이 18도 이상인 곳으로, 일 년 내내 무덥고 비가 많이 내린다. 지구에 살고 있는 생물의 50% 이상이 이곳에 살고 있다.

✦ 기후에 따른 집의 형태

기후나 자연환경은 집의 형태에도 영향을 미친단다. 사람들은 자신이 처한 자연환경에 맞게 집을 짓기 때문에 그 지역에서 가장 많이 생산되는 재료를 이용해 집을 짓는단다.

돌집, 이글루, 물 위의 집, 나무 위의 집……. 우리 눈에는 신기하고 낭만적으로 보일지 몰라도 그들에게는 생존을 위해 자연과 싸워 이기기 위한 선택이란다.

▲ 툰드라기후의 돌집

툰드라기후의 돌집

세계의 지붕이라고 불리는 인도의 북쪽 히말라야 산맥에 사는 사람들은 돌집을 짓고 살아.

히말라야는 '만년설의 집'이라는 뜻으로, 일 년 내내 눈이 쌓여 있어. 나무가 거의 자라지 않기 때문에 쉽게 얻을 수 있는 재료는 흙이나 돌이지. 그래서 이들은 돌을 쌓아 집을 짓고, 바람이 들어오지 않도록 창문은 아주 작게 만들었어. 보온이 잘 되는 튼튼한 돌집은 히말라야인들의 생활 터전이란다.

▲ 지중해성기후의 트룰로 돌집

그리스·로마 문명이 시작된 지중해 지역은 여름에는 고온건조하고 겨울에는 따듯하고 비가 많이 내린단다. 크게 보면 온대기후지만 이 지역의 바다 이름을 따서 지중해성기후라고 불러.

이탈리아 트룰로 돌집은 '키안카렐레라'는 돌로 지은 집이야. 이유는 간단해. 가장 쉽게 구할 수 있는 재료이기 때문이야.

트룰로 돌집은 둥글거나 네모난 모양의 벽을 세우고 그 위에 석회암 돌멩이를 원뿔 모양이나 둥근 모양으로 쌓아 올린 집으로, 한 개의 방마다 한 개의 지붕이 올려지고, 이같은 방이 모여 한 채의 트룰로를 이루는 것이지. 강한 햇빛을 막기 위해 창문을 작게 만든단다.

지중해성기후 지역은 여름에 한낮 온도가 40도가 넘어. 그래서 이들은 겨울에는 따뜻하고 여름에는 시원하도록 두꺼운 돌벽을 쌓았던 거야. 쉽게 구할 수 있는 재료로 기후 조건을 극복한 아주 지혜로운 집이지.

지중해성기후의 트룰로 돌집

▲ 건조기후의 흙벽돌집

◁ 건조기후의 흙벽돌집

아프리카 사하라 사막의 집은 어떨까? 사막인 이곳은 나무가 귀해서 햇빛에 말린 흙벽돌로 집을 지어. 5000년 전부터 짓기 시작한 흙벽돌집은 햇빛을 잘 막아줘 시원하단다.

집 모양은 정사각형이거나 직사각형 모양이야. 옛날부터 아파트를 지었냐고? 사막에는 비가 거의 오지 않았어. 그래서 경사진 지붕을 만들 필요가 없지. 건조한 기후가 집의 디자인을 결정한 거야.

▲ 열대기후의 물 위의 집, 나무 위의 집

열대기후의 사람들이 집을 짓는 이유는 더위를 피하기 위해서란다. 그래서 찾은 곳이 바로 물 위야. 바다나 호수 위에 집을 짓는 것이지. 이렇게 하면 더위뿐만 아니라 해충의 피해도 막을 수 있어.

물 위의 집은 가는 나무를 성기게 엮어서 만들고, 창도 크게 만들어. 그래야 바람이 잘 통하겠지? 지붕은 경사를 크게 만든단다. 물기를 머금고 있으면 썩기 때문이야.

지구의 허파인 아마존 강 유역의 사람들은 어떤 집을 지을까? 아마존 강의 범람에 대비해 나무 위에 높이 집을 지어. 아마존 강은 그들의 삶의 터전이기도 하지만 때로는 생명을 위협하기도 하거든. 또한 사나운

열대기후의 물 위의 집

맹수의 습격을 피하기 위해 나무 위에 집을 짓는단다.

▲ 건조냉대기후의 게르

아시아 초원지대인 몽골은 유목생활

열대기후의 나무 위의 집

을 하기 때문에 천막식 이동주택인 게르를 짓고 산단다.

높이 1.2m의 원통형 벽과 둥근 지붕으로 되어 있는데, 벽과 지붕은 버들가지를 격자로 짜서 골조로 하고, 그 위에 동물 털로 만든 천인 펠트를 덮어씌우지. 이렇게 하면 바람의 저항이 적고 여름에는 시원하다고 해.

게르는 성별과 나이에 따라 앉는 자리가 정해져 있는데, 가장 안쪽 자

건조냉대기후의 게르

리가 아버지 자리란다.

▲ 아한대기후의 통나무집

유럽의 핀란드, 캐나다, 시베리아의 거대한 침엽수림을 타이가라고 하는데, 전 세계에서 사용하는 종이 재료의 대부분은 여기서 생산된단다.

아한대기후는 한대기후처럼 매우 추워서 농사짓기 어렵단다. 그 대신 소나무 같은 뾰족한 잎을 가진 침엽수가 잘 자라지.

그래서 시베리아 사람들은 타이가에서 나오는 나무로 통나무집을 짓고 산단다.

시베리아는 눈이 워낙 많이 와서 쌓인 눈 때문에 지붕이 무너지는 사고가 자주 일어났어. 그럼 어떻게 집을 지으면 될까? 지붕을 뾰족하게 만들어야겠지. 눈이 지붕에 쌓이지 못하고 땅으로 떨어지게 말이야.

아한대기후의 통나무집

🔺 한대기후의 이글루

북극에 가장 많은 것은 무엇일까? 북극곰? 하하, 그것도 맞지만 역시 눈과 얼음이겠지? 나무가 자라지 않는 한대 지방에서는 나무나 흙으로 집을 짓는 것이 불가능해. 그래서 이들은 동물의 가죽으로 집을 지어 생활한단다.

우리가 에스키모라고 부르는 사람들은 이누이트족이야. 이들은 얼음벽돌로 집을 짓는데, 이를 이글루라고 부른단다. 하지만 이글루는 거주하는 집이 아니라 사냥을 나갔을 때 잠시 머무는 임시주택이야.

한대기후의 이글루

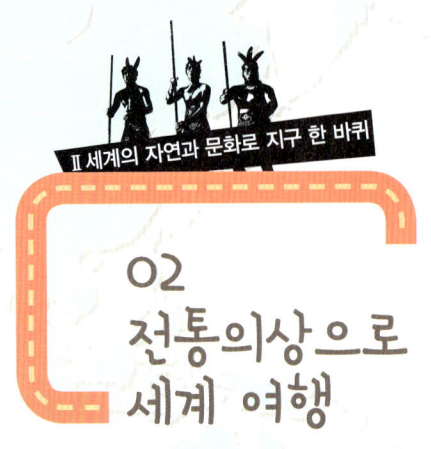

Ⅱ 세계의 자연과 문화로 지구 한 바퀴

02 전통의상으로 세계 여행

　기후와 자연환경은 집뿐만 아니라 음식과 패션, 문화 등에도 영향을 끼친단다. 옷을 왜 입는지 아니? 신분을 나타내기 위해서, 개성을 드러내기 위해서 등 이유가 다양하지. 하지만 가장 중요한 역할은 몸을 보호하기 위해서란다.

　옷의 재료나 디자인도 자연환경과 관련이 깊어. 패션의 역사를 더듬어 올라가면 자연환경과 만나게 되고, 자연환경은 위도가 결정하지. 그러고 보면 문화는 지리적 요건에서 출발하고 있다는 것을 알 수 있어. 다양한 기후에 따른 전통의상을 살펴볼까?

✦ 기후에 따른 전통의상

🔺 냉대, 한대기후

:샤프카 러시아는 냉대기후와 한대기후에 속해 있어서 매우 추워. 러시

아의 수도인 모스크바의 겨울철 아침 기온은 영하 40도까지 내려간단다. 너무 추워서 일반 코트로는 겨울을 지낼 엄두가 나지 않아. 그래서 러시아 사람들은 대부분 털코트를 입고 털모자도 쓰지. 이 모자가 샤프카야.

샤프카

사각형 모양의 샤프카는 주로 동물의 털가죽으로 만드는데, 부자들은 여우털로 만든 것을 쓰고 보통 사람들은 개털로 만든 샤프카를 쓴단다. 러시아 사람들에게 샤프카는 멋이 아니라 생존을 위한 필수품이야. 자칫하면 추위에 적응하지 못해 뇌혈관이 터질 수도 있기 때문이지.

🔺 건조기후

: **터번** 사막에 사는 사람들도 모자를 쓴단다. 이들은 추위가 아니라 뜨거운 햇빛을 막기 위해서야.

남자들이 쓰는 모자를 터번, 구트라라고 부르는데, 터번은 한 장의 긴 천을 머리에 정성스럽게 두르는 것이

터번

구트라

41

히잡, 차도르, 부르카

란다. 구트라는 머리에 쓰는 사각형 모양의 스카프로, 주로 흰색의 천이나 흰 바탕에 붉은 체크무늬의 천을 머리에 두른 후 동그란 끈인 이깔로 고정시킨단다. 구트라와 이깔의 무늬와 색으로 신분과 통치 가문의 위세도 짐작할 수 있어.

여자들은 좀더 복잡해. 머리에 쓰는 스카프인 히잡, 얼굴 빼고 온몸을 덮는 차도르, 머리부터 발끝까지 가리고 망사를 이용해 눈까지 가리는 부르카가 있어.

여자들은 왜 이렇게 종류가 더 많을까? 이란 이라크 지역 사람들의 종교인 이슬람교의 코란에 여성들의 신체 부위가 노출되는 것을 금지하고 있기 때문이야.

: **비쉬트** 전통의상인 쑵 위에 착용하는 망또처럼 생긴 옷이야. 쑵은 뜨거운 날씨를 이겨내기 위해 남녀 모두 즐겨 입는 옷으로, 롱원피스라고

이해하면 쉬울 거야.

　비쉬트는 옷의 기능뿐만 아니라 낮과 밤의 온도차가 매우 심한 사막에서 꼭 필요해. 보온과 수면을 위해 몸을 덮는 담요의 기능까지 겸하고 있거든.

　사막의 일교차는 얼마나 클까?

　1927년 알제리의 도시 인샬라는 낮 최고 기온이 52.2도였지만, 밤에는 영하 3.3도까지 떨어졌단다.

비쉬트

🔺 열대기후

: 사롱 열대 지방 사람들은 화려한 무늬의 원피스인 사롱을 입어. 긴 천을 몸에 두르고 끈으로 허리를 묶는 원피스로, 바람이 잘 통해 남녀 모

사롱

🎵 아오자이를 입은 베트남 사람들

두 즐겨 입어.

   하지만 열대 지방은 무척 덥기 때문에 옷을 벗고 생활하기도 해. 그래서 몸에 그림을 그리거나 문신을 새겨 멋스러움을 표현하기도 한단다.

: 아오자이 베트남의 전통의상인 아오자이는 5000년 역사를 가진 옷이란다. 무더운 베트남의 기후에 맞게 하늘하늘한 얇은 천으로 만들어졌어. 베트남어로 '아오'는 옷, '자이'는 길다는 뜻으로, 품이 넉넉한 바지와 길이가 긴 상의로 이루어져 있어.

아오자이는 전통의상이면서, 동시에 현대의상이라는 독특한 점이 있어. 명절에도 입고, 사원에 갈 때나 교회에 갈 때도 입고, 근무복이나 교복 등으로도 널리 활용된단다.

남자들은 남색, 여자들은 빨강색을 즐겨 입어. 영화를 보면 순결을 상징

베트남의 전통모자인 논

하는 흰색 아오자이를 입은 베트남 여성들이 삼각형 모양의 모자인 논을 쓰고 있는 모습을 자주 볼 수 있어.

논은 베트남 여성들의 전통모자로, 뜨거운 햇빛을 가리거나 비를 피하기 위해 쓴단다. 논의 모양에 따라 원통형과 원뿔형으로 나누어져. 원통형의 논은 연극 등의 공연에서 주로 쓰이는 반면, 우리가 흔히 보는 원뿔형의 논은 일상생활에서 누구나 쓰는 모자란다. 옛날에는 물이나 밥을 담아먹기도 했다고 해.

전통옷을 현대까지 입고 살아가는 베트남 사람들이 정말 대단하지?

▲ 온대기후

우리나라와 중국, 일본은 사계절의 기후 변화가 뚜렷한 온대기후야. 더운 여름과 추운 겨울의 옷감이 각각 다르지. 우리나라, 중국, 일본은 비슷한 재료로 조금씩 모양을 변형한 옷을 만들었어. 우리나라의 한복, 중국의 치파오, 일본의 기모노가 바로 그거야.

: **한복** 여름에는 바람이 잘 통하는 모시와 삼베로 한복을 만들어 시원하

한복, 치파오, 기모노

게 여름을 보내고, 겨울에는 면이나 비단에다 목화솜을 넣어 따듯한 겨울을 보내지.

모시, 삼베, 목화는 온대기후에 잘 자라는 식물이야. 비단실을 만드는 누에가 잘 먹는 뽕나무도 온대기후 식물이란다.

우리나라 고유의 의복인 한복은 직선과 곡선이 조화를 이루어 아름다우며, 특히 여자 한복은 짧은 저고리와 넉넉한 치마가 어우러져 옷차림이 단정하고 아담하단다. '한국의 미'를 대표하는 한복은 세계에서도 그 아름다움을 인정받았단다.

치파오 중국의 전통옷이지만 한복에 비해 역사가 길지 않아. 치파오는 몸에 딱 맞는 형태의 옷으로 청나라 시절에 만들어졌어.

치마에 옆트임을 주어 실용성과 여성미를 강조했지. 남자 옷도 치파오라고 불러. 치파오의 목이 약간 올라간 옷깃을 흔히 차이나 칼라라고 부르는데, 현대 옷에도 많이 응용되고 있단다.

: **기모노** 소맷부리가 매우 넓은 옷으로, 똑같은 형태의 옷을 여러 장 겹쳐 입는 것이 특징이지. 기모노는 혼자 입기 어려울 정도로 입는 과정이 복잡하고 까다로워. 남녀 모두 기모노를 입기 때문에 발목까지 내려온단다.

허리에 감아 등에 보따리처럼 묶고 다니는 것을 오비라고 해. 오비를 허리 위쪽에 묶으면 하체를 길어보이게 하는 효과가 있다는구나. 단순히 기모노를 고정시키는 끈이었던 오비는 시간이 흐르면서 색깔과 형태, 묶는 방법이 다양해졌단다.

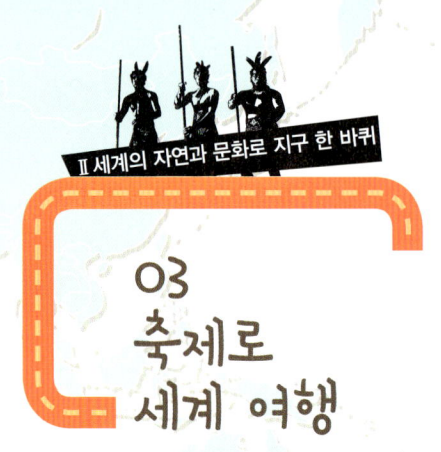

Ⅱ 세계의 자연과 문화로 지구 한 바퀴

03 축제로 세계 여행

축제는 언제 어떻게 생긴 것일까?

고대 메소포타미아에 살았던 수메르인과 바빌로니아인들은 새로운 생명을 싹트게 하는 봄비가 내리면 감사의 축제를 벌였단다.

우리 조상들도 농악대를 앞세우고 풍년을 기원하는 축제를 벌였고, 일하는 사람들의 고단함을 이겨내기 위해서도 축제를 벌였단다.

춤추고 먹고 마시며 즐기는 축제 속에는 인류가 살아온 역사가 농축돼 있어. 세계를 들썩이게 하는 축제에는 어떤 이야기가 숨어 있는지 떠나보자.

✦ 아시아의 축제

🔺 몽골의 나담

몽골의 혁명기념일인 7월 11일에 수도인 울란바토르에서 열리는 나담은 몽골에서 가장 인기 있고 규모가 큰 축제란다.

몽골족은 세계를 제패한 칭기즈칸의 후예들이야. 이들은 축제에서 경마, 활쏘기, 씨름의 세 경기를 통해 영웅을 뽑아. 그중 씨름 선수는 가슴과 배를 드러내고 어깨에만 걸치는 상의인 조독과 짧은 팬츠인 슈닥을 입고 경기를 치른단다.

경기 방식은 우리나라의 씨름과 같아. 상대방의 머리·어깨·등·팔꿈치·엉덩이가 먼저 땅에 닿으면 이기는 것이지. 대결 전에는 수리부엉이, 또는 매를 흉내 내는 춤을 추며 자신의 우람한 체격을 자랑한단다.

항상 512명이 참가하는데, 우승자는 아루스탄(사자), 2위는 잔(코끼리), 3위에게는 나친(매)이라는 영웅 칭호가 붙어. 2년 연속 우승자는 아발가(거인)의 칭호를 얻어. 2011년 유네스코 세계무형문화유산에 등재됐단다.

나담에 온 어린이들

🔺 중국의 춘제

춘제 때의 대이동

춘제는 중국의 음력 설로, 매해 음력 12월 23일부터 다음 해 1월 15일 정월 대보름까지 약 3주 동안 이어진단다. 이 긴 연휴 동안 13억 명의 중국인들이 대이동을 하기 때문에 세계적으로 유명해졌어. 요즘에는 긴 연휴를 이용해 여행을 하기 때문에 우리나라, 일본 등 동남아시아 국가들은 춘제 특수를 누린단다.

중국인들은 춘제 전야 자정에 종소리가 울리면 폭죽을 터트리기 시작해서 무려 24시간 동안 계속된대. 중국인들의 배포를 짐작할 수 있겠지? 중국 사람들은 폭죽을 터트리면 악귀와 병마를 쫓아내고 복을 불러온다고 믿는단다.

🔺 태국의 송크란 축제

송크란 축제는 세계적으로 유명한 물의 축제란다. 매년 4월 9일부터 20일까지 태국 전 지역에서 펼쳐지는데, 특이한 것은 새해 행사라는 점이야. 태국력으로 새해 첫날이 4월 13일이거든. '송크란'은 고대 인도 언어인 산스크리트어로 새해 첫날을 뜻하는 말로, 새해 첫날을 축하하고 감사의 뜻을 전하는 날이지.

송크란 축제

축제기간 중에는 물뿌리기, 미인선발대회, 물고기를 강이나 바다에 풀어주는 방생 등 다채로운 행사가 펼쳐져. 태국 사람들은 주변 사람에게 물을 뿌리며 한 해의 축복을 빌어준단다. 당연히 물총과 바가지는 기본 준비물이지. 물이 부족할 상황에 대비해 소방차까지 동원된다고 하니 정말 대단하지 않니?

또 코끼리가 코로 뿜는 물을 맞으면 1년 동안 행운이 가득하다고 믿기 때문에 너나 할 것 없이 코끼리 주변으로 몰려드는 이색풍경이 연출되기도 한단다.

다른 나라에서는 새해 첫날에 주변 사람에게 물을 뿌리면 큰일 날 일이지만 태국에서는 행운과 건강을 기원하는 일이라고 하니 참 신기한 일이야.

▲ 일본의 눈꽃 축제

일본의 대표적 축제이자 세계 3대 축제 중 하나가 삿포로에서 열리는 눈꽃 축제란다. 매년 2월에 개막하는 이 축제에는 200여 개의 얼음 조각이 전시되는데, 큰 것은 높이 15m, 폭 25m나 된다고 해.

1945년 제2차 세계대전이 끝나고 패전국이 된 일본 국민들의 상실감은 무척 컸단다. 1950년 삿포로 시내 중고교생들이 춥고 긴 겨울을 즐겁게 보내자는 뜻으로 얼음 조각상 6개를 오도리 공원에 전시하면서 축제가 시작되었어. 삿포로는 일년 중 절반이 눈으로 덮이는 곳이거든. 50여 년이 지난 지금은 전 세계 200만 명의 관광객이 몰리는 큰 축제가 되었어.

축제 기간 중에는 세계적으로 유명한 건축물이나 인물 등을 비롯해

△ 눈꽃 축제에 등장한 우리나라 광화문

동화 속 주인공들이 다양한 크기의 얼음 조각상으로 만들어져 공원 곳곳에 전시되어 멋진 모습을 연출한단다.

✦ 유럽의 축제
🔺 에스파냐의 라 토마티나

이름이 낯설다고? 세계에서 가장 재미있는 전쟁인 라 토마티나는 그 유명한 에스파냐의 토마토 축제야. 지구촌 사람들이 즐거워하는 축제 중의 하나이지. 에스파냐는 축제가 열리지 않는 날이 없을 만큼 에스파냐 전역에서 고유의 축제가 열린단다.

투우의 나라 에스파냐에 웬 토마토냐고? 1944년 에스파냐의 토마토 값이 대폭락했어. 작은 도시 부뇰의 농민들이 분풀이를 하기 위해 시의

원들에게 토마토를 던진 것이 지금의 세계적인 축제의 시작이란다. 그래서인지 토마토 축제는 에스파냐의 그 어떤 축제보다 서민적이고 향토적이며, 주민들의 참여가 무척 높단다.

라 토마티나

매년 8월의 마지막 주 수요일 오전 11시, 통나무 기둥에 매달려 있는 햄을 따면 토마토 축제가 본격적으로 시작되지. 낮 12시 정각에 대포 소리와 함께 5대의 거대한 트럭이 약 100만 개의 토마토를 싣고 도착하면 딱 1시간 동안 참가자들은 서로에게 토마토를 사정없이 던지며 거리는 온통 토마토 천지에 빠진단다. 아참, 토마토는 반드시 으깬 다음에 던져야 해. 안 그러면 무척 아프거든. 하지만 1시 이후에 토마토를 던지면 벌금을 내야 해. 1시 이후에는 2시간 동안 청소를 해야 하거든. 오후 3시가 되면 도시는 언제 그랬냐는 듯 말끔해진단다. 정말 놀랍지?

토마토 축제가 끝나면 음악공연, 불꽃놀이 등 다양한 볼거리들이 일주일 동안 이어져.

먹는 음식으로 장난하면 안 된다는 우리의 정서와는 맞지 않지만 이 날 에스파냐 사람들은 토마토를 던지며 모든 스트레스를 해소한단다.

🔺 독일의 옥토버페스트

독일 바이에른 주의 뮌헨 시장이 망치를 크게 세 번 두드리고 "오자프트 이스(맥주통에 꼭지가 달렸다)!"라고 외치면 세계 3대 축제 중 하나

옥토버페스트

인 옥토버페스트가 시작된단다. 이름과 달리 9월 중순에서 10월 초에 열리기 때문에 10월 중순에 가면 낭패를 본단다.

1810년 테레제 공주와 루드비히 황태자의 결혼을 축하하기 위해 근방에 있는 사람들을 초청하여 맥주를 대접한 것에서 축제가 시작됐어.

옥토버페스트가 시작되면 도시 중앙의 궁정 뜰에는 큰 텐트가 쳐지고, 그 내부에는 애주가들의 천국인 맥주홀이 생겨. 축제기간 중 소비되는 맥주의 양이 500만L나 된다니 뮌헨이 거대한 술통이 되는 느낌이야.

맥주의 나라 독일에서 생산하는 맥주는 무려 1300종이나 된단다. 1833년 뢰벤브로이와 호프브로이 등 뮌헨시를 대표하는 6대 대형 맥주 회사가 축제를 후원하면서 전 세계적으로 유명한 맥주 축제로 발전하게 됐어. 맥주와 독일 전통음식인 소시지의 궁합도 이때부터 만들어졌단다. 매년 600만 명이 찾는 대표적인 가을축제야.

▲ 스코틀랜드의 에딘버러 축제

여름의 한복판인 8월에 유럽을 방문한다면 스코틀랜드의 에딘버러 축제를 꼭 구경해보렴.

이 축제는 1947년 2차 세계대전 직후 전쟁이 남긴 상처를 치유하기 위해 시작되어 지금은 영국을 대표하는 가장 큰 규모의 예술 축제로 발전했어.

축제가 시작되면 도시 전체가 연극, 마임, 콘서트, 오페라 등을 공연하는 거대한 극장으로 변한단다. 가장 인기 있는 공연 중 하나는 에딘버러 성에서 열리는 밀리터리 타투 퍼레이드야. 각 나라의 군악대가 모여 공연을 하는 것인데, 2012년에는 한국의 군악대도 참가했어.

에딘버러 축제

축제 기간에는 에딘버러 성 안에서도 많은 행사가 열린단다. 12세기에 지어진 에딘버러 성은 여느 성들과 달리 산 위에 지어져 성에 올라가면 에딘버러 시내가 한눈에 조망된단다. 1200만 명의 관광객이 찾고, 그로 인한 관광수입이 연간 27조 원이라니, 그 어마어마한 규모에 입이 다 물어지지 않는구나.

▲ 네덜란드의 큐켄호프 꽃축제

축제 이름이 낯설지? 튤립으로 유명한 네덜란드의 튤립축제란다. '유럽의 정원'이라 불리는 큐켄호프 공원에서 열리는 축제로, 매년 3월 말에서부터 5월 중순까지 이어지는 세계에서 가장 큰 규모의 꽃축제란다.

큐켄호프는 부엌을 뜻하는 '큐켄'과 정원을 의미하는 '호프'가 합쳐진 말로, 옛날 이곳에 살던 백작부인이 부엌에서 쓸 야채와 허브를 재배

큐켄호프 꽃축제의 항공 사진

하던 것에서 유래되어 지금은 매년 100만 명이 넘는 사람들이 찾는단다.

32만ha 규모의 공원에 수백만 송이의 튤립과 히아신스, 수선화 등의 꽃과 풍차가 어울려 장관을 이룬다니 정말 멋지겠지? 항공촬영한 사진을 보면 빨주노초파남보 무지개빛 튤립이 마치 물감으로 그림을 그려놓은 것처럼 보인단다.

'세상에서 가장 아름다운 봄'이라 불리는 큐켄호프의 꽃축제에서 특별한 봄을 느껴보지 않을래?

아메리카의 축제

미국의 머머스 퍼레이드, 로즈 퍼레이드, 백야제, 핼러윈

미국의 대표적인 축제는 1월 1일에 열려. 미국인들은 한 해의 마지막 날이 되면 가족이 다함께 모여 야식으로 계란과 우유, 설탕을 섞은 에그노그를 먹는단다. 자정이 되면 샴페인을 터트리며 새해를 축하하고, 새해 첫날 아침엔 잠에서 깨자마자 TV를 켜지. 엄청난 이벤트가 기다리고 있기 때문이야.

미국인들의 잠을 설치게 하는 축제는 필라

머머스 퍼레이드

델피아의 머머스 퍼레이드와 캘리포니아의 패사디나에서 벌이는 로즈 퍼레이드야. 머머스 퍼레이드에는 동물 캐릭터들이 많이 등장하고 로즈 퍼레이드에는 장미로 장식한 꽃마차가 가장 볼만하다고 해. 두 축제 모두 100년이 훨씬 넘은 전통적인 축제로 참가 인원만 해도 90만 명 이상이라고 하니 정말 굉장하지?

알래스카는 미국의 50개 주 중 면적은 가장 크지만 인구는 가장 적어. 알래스카에서는 7~8월이 되면 밤에도 태양이 지지 않는 백야를 기념하는 백야제가 열린단다. 축제 기간 중에는 빙하 위를 달리는 마라톤, 연어낚시대회, 개썰매경주 등이 열린단다.

또한 이누이트족의 전통춤과 놀이도 경험할 수 있어. 동물 가죽을 넓게 펼쳐놓고 그 위에서 높이뛰기를 해서 가장 높이 뛰는 사람이 이기는 블랭킷 토스 게임이 가장 인기 있다고 해.

참, 주의할 점이 있어. 알래스카의 자연환경을 보호하기 위해 쓰레기를 절대 버리면 안 된단다. 쓰레기를 버리다 걸리면 바로 벌금형에 처해지거든. 대신 배설물은 크레바스(빙하의 갈라진 틈) 사이로 버리면 된다

백야제, 핼러윈, 로즈 퍼레이드

고 하니까 꼭 기억해두렴.

10월 31일 핼러윈도 빼놓을 수 없어. 저녁때 아이들이 괴상한 복장을 하고 집집마다 돌아다니면서 "사탕 안 주면 장난칠 거야!"라고 외치면 어른들은 미리 준비해둔 음식이나 작은 선물 등을 아이들에게 전해주지. 만약 아무것도 준비되어 있지 않으면 아이들은 기상천외한 방법으로 어른들을 골탕먹인단다.

원래 핼러윈은 영국의 켈트족들이 한 해의 마지막 날인 10월 31일에 죽음과 악귀를 쫓기 위해 불을 피우던 행사야. 켈트족의 새해는 11월 1일이거든. 켈트족의 행사가 미국으로 전해지면서 변색된 것이지.

한국에서도 핼러윈이 되면 아이들이 괴상한 복장에 가면을 쓰고 사탕을 얻으러 다니기도 한단다.

▲ 브라질의 리우 카니발

브라질의 리우데자네이루에서 열리는 세계 3대 축제 중 하나인 리우 카니발도 빼놓을 수 없단다.

카니발이란 가톨릭의 전통 명절로, 금식을 해야 하는 사순절 전에 사흘 동안 고기를 먹고 즐겁게 노는 행사로, 브라질의 리우 카니발이 유명하단다. 퍼레이드 곳곳에서 삼바 음악이 흐르고 음악에 맞춰 삼바 춤을 추기 때문에 삼바 카니발이라고도 해.

삼바는 백인들이 흑인들을 멸시하여 부르던 '삼보'에서 이름이 유래 됐어. 아프리카에서 노예로 끌려온 흑인들이 추던 춤이 시간이 흘러 브라질의 국민춤이 된 것이란다.

축제 기간에는 삼바학교도 문을 열어. 삼바를 사랑하는 사람들이 자유롭게 입학해서 카니발에 참가할 수 있지.

참, 리우 카니발은 뜨거운 태양을 피해 오후 5시부터 다음 날 오전 7시까지 밤새 열려. 지상 최대의 쇼라고 불리는 이유를 이제 알겠지?

▲ 페루의 태양제

매년 6월 24일 남미 페루의 공중도시 쿠스코(해발 3399m)에서는 잉카인들의 축제인 태양제가 열린단다.

리우 카니발

태양제는 태양신을 숭배했던 잉카인들에게 일 년 중 가장 중요한 제사인 인티 라이미(원주민어로 '인티'는 태양, '라이미'는 축제)를 뜻해. 잉카인들은 자신들을 태양의 자손이라고 믿거든.

1944년 움베르토 비달 등의 예술가들이 연극으로 재현한 것이 태양제의 출발이었는데, 이제는 매년 세계 각지에서 30만 명이 넘는 사람들이 보러오는 남아메리카 3대 축제가 되었어.

태양제가 열리는 날은 페루의 동짓날이야. 밤이 가장 긴 날이지. 어린

태양제

라마를 신전에 바칠 때 축제의 절정을 이루는데, 라마의 피 색깔로 풍년과 흉년을 점쳤다고 해.

잉카제국이 번성할 때는 왕이 제사를 지냈지만, 태양제에서는 잉카족의 후손이 그 역할을 대신하고 있어. 잉카제국은 16세기 에스파냐의 침략으로 멸망했지만 페루 사람들의 마음속에 잉카제국은 영원한 것 같아.

아프리카의 축제

이집트의 아브심벨 축제

이집트의 아부심벨 신전에는 일 년에 딱 두 번, 햇빛이 들어와. 이날은 어둠에 갇혀 있던 신전 내부의 조각상을 맨눈으로 볼 수 있단다. 신전에 햇빛이 드는 날 이집트인뿐만 아니라 전 세계 사람들이 모여 축제를 벌여. 이 축제가 바로 아부심벨 축제야.

아부심벨 신전은 이집트 역사상 가장 강력한 파라오였던 람세스 2세가 지었어. 신전에 햇빛이 드는 날은 람세스 2세의 생일인 2월 21일과 그의 즉위일인 10월 21일이야. 일조량을 계산할 만큼 치밀했던 고대 이집트인의 기술이 돋보이는 건물이지.

신전 입구에 있는 높이 22m의 거대한 람세스 2세의 상은 보는 사람들을 압도한단다. 정면 왼쪽에서부터 20대, 30대, 40대, 50대의 람세스

아부심벨 신전

의 모습이 표현된 4개의 좌상이 있는데, 30대 람세스의 상체는 지진으로 떨어져 발밑에 놓여 있어.

아스완하이 댐의 건설로 신전이 수몰될 위기에 처하자 유네스코가 세계문화유산으로 지정해 현재의 위치로 이전했어. 그래서 햇빛이 들어오는 날도 2월 22일, 10월 22일로 바뀌었다고 해.

태양의 아들 파라오가 지은 신전에서 빛의 축제를 벌인다니 꼭 한번 가보고 싶지 않니?

▲ 케냐의 마사이족 전사 축제

아두무를 추는 마사이족

케냐에 사는 킬리만자로의 전사 마사이족은 즐거운 일이 생길 때마다 축제를 연단다. 지구상에서 가장 용감한 종족으로 불리는 이들은 다른 부족과의 전투에서 승리했을 때 축제를 열었는데, 요즘은 소년들이 초급 전사계급인 '모란'이 됐을 때 축제를 벌인단다.

보통 12세부터 3년간은 전사가 되기 위한 고된 훈련을 받는데, 모란이 된 뒤에도 소년들은 자신의 마을에서 살지 않고 마을 근처 산에 들어가서 생활한다고 해. 가장 용감한 모란이 되는 것이 이들의 꿈이지.

축제날에는 뜀뛰기 춤인 아두무를 볼 수 있어. 아두무는 마사이족의 독특한 춤으로 전쟁을 앞두고 용기를 북돋우기 위한 춤이면서 용맹을 과시하며 다른 부족에게 위협을 주는 춤이야. 붉은색 옷을 입고 아두무를 추는 이들을 보면 전쟁터에서 용감하게 싸우는 모습이 저절로 상상이 된단다.

▲ 튀니지의 카르타고 국제페스티벌

세계의 축제에서 튀지니에서 열리는 카르타고 국제페스티벌도 빼놓을 수 없단다. 고대에는 튀니지를 '카르타고'라고 불렀어.

1964년부터 시작된 아랍 및 아프리카 지역의 최대 축제로, 연극을 비롯해 오페라, 발레, 재즈 등 모든 예술분야의 공연이 펼쳐진단다. 축제에 참가하면 북소리로 압축되는 아프리카 음악에 대해서도 자세히 알 수 있지.

튀니지는 지리적으로 아주 중요한 지역이야. 어떤 사람들은 아프리카라는 말이 '튀니지아'에서 나왔다고 할 정도지. 아시아와 유럽이 지중해를 두고 경쟁할 때마다 튀니지를 차지하려고 싸웠거든. 역사상 가장 강대국이었던 로마도 마찬가지였어. 이 작은 나라를 차지하기 위해 무려 3번이나 전쟁을 벌였지. 결국 로마가 이겨 로마의 문화가 튀니지에 들어오기 시작했어. 대표적인 것이 콜로세움 원형경기장이야. 카르타고 국제페스티벌은 로마 시대를 재현한 것처럼 원형극장에서 열린단다.

✦ 오세아니아의 축제
▲ 뉴질랜드의 마타리키 축제

마오리족의 새해맞이 행사인 마타리키 축제가 오클랜드 전역에서 6월 21일부터 한 달간 열린단다. '마타리키'는 '작은 별들의 조그마한 무리'라는 뜻으로, 마오리족의 독특한 민족성을 보여주는 전통축제야.

축제가 시작되는 6월이면 북동쪽 지평선에 아름다운 별무리가 나타나는데, 이 별무리가 마오리족들에게는 새해의 시작을 알리는 표시라고 해. 별무리의 밝기와 움직임을 꼼꼼히 살펴 이듬해 농사를 예견하기도 한다는구나.

있는 힘껏 혀를 내밀며 인사하는 마오리족

　이 축제에 참여하면 마오리 전사들이 혀를 있는 힘껏 내미는 인사를 받아볼 수도 있고, 우두머리의 선창에 따라 수십 명의 마오리 전사들이 거친 호흡을 토해내며 양 손바닥으로 가슴을 치는 동작인 하카도 구경할 수 있어. 땅이 꺼지도록 세차게 발을 구르다가 하늘을 향해 뛰어오르는 마오리족을 보면 이들이 진짜 오세아니아의 주인이구나 하는 느낌을 받을 수 있단다.

　이들을 만나면 이마와 코를 마주대면서 "키아오라(안녕하세요)"라고 인사하면 돼.

🔺 오스트레일리아의 시드니 페스티벌

시드니 오페라하우스를 배경으로 화려한 불꽃놀이를 보고 싶다면 매년 1월에 열리는 시드니 페스티벌에 가보렴.

1월 26일은 오스트레일리아 건국기념일이야. 이날 시드니뿐만 아니라 오스트레일리아 전역에서 건국을 축하하는 다양한 이벤트가 펼쳐져.

시드니 페스티벌

시드니 오페라하우스에서는 연극과 음악회, 전시회와 다양한 이벤트가 펼쳐지지. 특히 환상적인 야경의 오페라하우스와 항구 주변에서 펼쳐지는 불꽃놀이가 압권이란다.

또한 로열 이스터쇼에 가면 오스트레일리아의 농경문화를 한눈에 배울 수 있단다. 부활절을 전후해 4월 5일부터 18일까지 열리는 이 축제에서는 1820년대부터 지금까지 오스트레일리아의 농경문화가 그대로 재현된단다. 특히 오스트레일리아 전역에서 모여든 15000마리 가축이 참가하는 경연은 가장 인기가 높단다. 어린이들을 위한 놀이기구, 인간 한계에 도전하는 익스트림 스포츠쇼 등 가족 단위로 먹고 즐길 수 있는 다양한 이벤트가 마련되어 있어서 연간 찾아오는 관광객이 100만 명을 웃돈다고 해.

부록2 세계의 자연유산 유럽편

유럽은 기후가 다양해서 멋진 휴양지가 많단다. 또한 르네상스를 꽃피워 문화와 예술이 발달했지. 유럽에서 만날 수 있는 세계자연유산으로는 어떤 것이 있는지 살펴볼까?

융프라우

스위스 융프라우

알프스 소녀 하이디, 사운드 오브 뮤직으로 유명한 알프스 산맥은 유럽의 중남부를 관통해 무려 1200km나 뻗어 있어. 이곳은 4억 5000만 년 전 지질 활동을 했던 암석이 고스란히 남아 있어 연구 가치가 높은 곳이야.

'유럽의 지붕'이라고 불리는 알프스 산맥의 정상인 융프라우는 높이 4158m로 일 년 내내 영하의 기온이며, 만년설로 뒤덮여 있단다. 융프라우에서 펼쳐지는 설경은 언제나 장관이지.

또한 22km의 알레치 빙하를 뚫어 만든 얼음 궁전은 천장, 바닥, 기둥 등 내부가 모두 얼음으로 만들어져 있으며, 크기도 상당하단다. 융프라우는 2001년 알프스 최초로 세계자연유산에 등재되었으며, 알레치 빙하 역시 세계자연유산에 등재되었단다.

괴레메국립공원

터키 괴레메국립공원

괴레메국립공원은 300만여 년 전 화산 폭발로 형성된 부드러운 암석이 풍화작용을 거치면서 만들어진 다양한 크기의 버섯모양 바위 봉우리로 이

루어져 있어.

이곳은 기이하게 생긴 기암 괴석으로도 유명하지만, 4세기 초 그리스도교에 대한 탄압이 심해지자 기독교인들이 이 계곡으로 숨어들어 건설한 동굴 속 지하도시로도 유명해. 그들은 성당과 수도원뿐만 아니라 주택과 학교, 식량저장고, 우물, 묘지 등을 조성했어. 자신들의 종교를 지키기 위한 기독교인들이 얼마나 처절하게 살았는지 보여주는 것이지. 이런 이유로 유네스코는 괴레메국립공원을 세계자연유산임과 동시에 세계문화유산으로 선정했단다.

네덜란드 바덴 해

북해 남동부의 바덴 해는 덴마크, 독일, 네덜란드와 인접한 바다란다. 해안 습지 환경을 갖춘 지역으로 모래톱, 해초 풀밭은 물론이고 갯벌과 바닷물이 드나드는 늪지, 강 어귀, 해안, 모래언덕 같은 서식지에는 참깨점박이바다표범, 회색바다표범, 쥐돌고래 같은 해양 포유류를 포함해 수많은 동식물이 서식하지. 또한 1년에 1200만 마리의 조류가 찾아와 번식하고 겨울을 난단다.

바덴 해

지구상에서 마지막으로 남은 대규모의 자연적인 생태계이며, 자연 그대로의 지형 변화와 생물학적 진화가 계속 진행되고 있는 바덴 해와 갯벌 습지 생태계보호구역은 2009년 세계자연유산으로 지정됐어. 유네스코가 선정한 세계자연유산 중 유일한 갯벌 지역이야.

육지가 넓고 인구가 많은 북반구를 한 바퀴 III

적도를 중심으로 지구를 반으로 뚝 잘라 북쪽을 북반구, 남쪽을 남반구라고 부른단다. 북반구는 전 세계 육지의 70%를 차지하고 있어. 아시아, 유럽, 북아메리카, 아프리카 북부와 남아메리카 일부가 북반구에 해당되지.

북반구는 고대 문명이 시작된 곳이기도 해. 이집트(아프리카 북부), 인도(아시아), 황허(아시아), 메소포타미아(아시아) 문명이 모두 이곳에서 시작됐거든. 그러면서 자연스럽게 경제와 산업의 중심지가 되었어. 선진국인 G7국가(미국, 영국, 프랑스, 이탈리아, 독일, 일본, 캐나다)도 모두 북반구에 있는 나라야.

2011년 국제통화기금(IMF)에서 발표한 국가별 GDP(국내총생산)는 1위 미국, 2위 중국, 3위 일본, 4위 독일, 5위 프랑스, 6위 브라질, 7위 영국, 8위 이탈리아, 9위 러시아, 10위가 캐나다이고, 우리나라는 15위였어. 10위권 나라 중에 남반구에 있는 나라는 브라질 단 한 곳밖에 없었단다.

왜 이렇게 적도를 중심으로 부의 지도가 나누어지게 된 것일까? 비밀의 열쇠는 자연환경이 쥐고 있단다.

Ⅲ 육지가 넓고 인구가 많은 북반구를 한 바퀴

01 인구가 가장 많은 아시아

안녕, 나는 대한민국 서울에 사는 김대한이야. 내가 사는 대륙, 아시아를 소개하게 되어서 무척 기뻐.

아시아는 메소포타미아, 인더스, 황허 문명이 시작된 곳으로, 현재까지도 고대 유적지가 많이 남아 있어. 이렇게 고대 문명이 발달할 수 있었던 것은 큰 강을 끼고 있기 때문이야. 그로 인해 평야가 발달하고 농사를 지을 수 있었지. 물론 인도와 파키스탄 경계에는 세계에서 가장 높은 히말라야 산맥이 있고 고비 사막, 타클라마칸 사막, 아라비아 사막 등과 같은 척박한 땅도 있지만 기름진 땅이 훨씬 많단다.

✦ 세계 인구의 60% 집중

아시아는 땅이 정말 넓어. 세계 육지의 30%나 차지하지. 아시아는 세계를 향해 육지와 바닷길이 모두 열려 있어. 북쪽은 북극해, 동쪽은 태

71

평양, 남쪽은 인도양이야. 서쪽은 유럽 대륙과 아프리카 대륙에 연결되어 있어서 아시아가 힘이 셀 때는 늘 유럽을 정복하러 갔단다. 고대 이집트를 정복한 메소포타미아 힉소스족이나 몽골의 칭기즈칸도 이런 지리적 요건을 백분활용해 전쟁을 치렀단다.

이렇게 땅이 넓다 보니 세계 인구의 약 60%가 우리 아시아에 살고 있어. 아시아 중에서도 가장 인구가 많은 나라는 중국이야. 13억 3000만 명이라고 해. 내가 사는 대한민국이 5000만 명 정도이니, 중국 인구가 얼마나 많은지 알겠지?

✦ 세계의 쌀 생산량의 65% 차지

쌀의 최대 수출국은 태국이야. 세계 수출량의 26%를 차지하지. 2012년 미국 농무부 자료에 따르면 인도 〉 베트남 〉 태국으로 쌀 수출 순위가 바뀌었다고 해. 이 나라들은 단위 면적에 비해 훨씬 많은 쌀을 생산하기 때문에 먹고 남는 것을 팔 수 있는 것이지. 반면 쌀의 최대 수입국은 인도네시아(14%), 방글라데시(4%), 브라질(3%)이야.

계단식 논

동남아시아 쌀은 끈기가 없어 잘 뭉쳐지지 않는단다. 그래서 이 지역 사람들은 볶음밥을 자주 해먹어. 이렇게 찰기가 없는 쌀을 인디카라고 불러. 반면 우리나라 쌀처럼 찰진 쌀을 자포니카라고 부른단다.

✦ 4대 종교의 시작

종교도 아시아에서 시작됐어. 세계 4대 종교인 불교, 힌두교, 크리스트교, 이슬람교가 모두 아시아에서 발생했어. 불교와 힌두교는 인도, 크리스트교와 이슬람교는 이스라엘의 수도 예루살렘에서 출발했어. 해마다 많은 나라의 사람들이 성지순례를 하기 위해 우리 대륙으로 몰려오지.

아시아 사람들은 어떤 종교를 가장 많이 믿냐고? 아무래도 불교 인구가 가장 많은 것 같아. 우리나라와 일본, 중국은 한자권 문화를 가진 나라로 불교를 많이 믿는단다.

종교에 따라 문화도 다르단다. 이슬람인들은 하루에 5번씩 성지 메카를 향해 기도를 올리고, 힌두교를 믿는 인도 사람들은 소를 신성하게 여겨서 소고기를 먹지 않아. 그래서 인도에서는 돼지고기가 소고기보다 훨씬 비싸지.

4대 종교(불교, 힌두교, 크리스트교, 이슬람교)

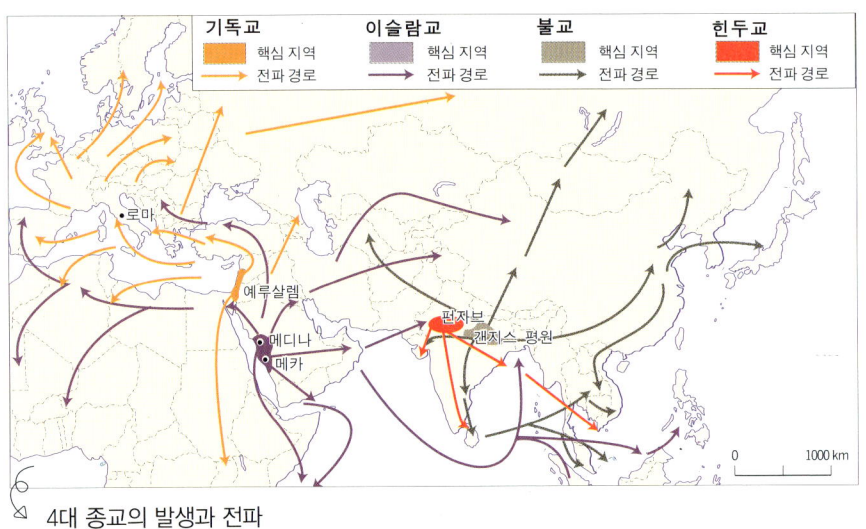
△ 4대 종교의 발생과 전파

아시아는 16세기부터 유럽의 침략을 받고 식민지가 되기도 했어. 우리에게는 풍부한 자원이 있었거든. 아픈 역사를 딛고 우리는 20세기에 들어서 눈부신 경제 성장을 이루었단다.

'아시아의 4마리 용'이란 말을 들어본 적 있니? 한국, 홍콩, 싱가포르, 대만은 1980년대 신흥공업국으로 경제가 급속도로 발전했단다. 중국과 일본은 왜 빠졌냐고? 두 나라는 이미 선진국이었거든.

✦아세안+친디아=아시아의 힘

동남아시아 국가들은 동남아시아국가연합(아세안)을 만들어 경제 발전을 위해 힘을 모으고 있어. 아세안은 필리핀, 말레이시아, 싱가포르, 인도네시아, 태국, 브루나이, 베트남, 라오스, 미얀마, 캄보디아 등 10개국으로 구성되어 있어.

2012년 동남아시아국가연합(아세안) + 3개국(한중일) 정상회담

    2000년대에는 친디아가 주목 받았어. 중국과 인도를 합쳐 일컫는 말로, 두 나라의 인구를 합치면 세계 인구의 3분의 1이 되는데, 경제 학자들은 이들의 풍부한 노동력을 바탕으로 50년 후에는 세계에서 가장 부강한 나라가 될 수 있을 거라 예상한단다. 세계의 공장으로 불리는 중국의 제조업과 인도의 소프트웨어 산업이 만나면 가능할 것도 같아. 너희들이 산 물건의 대부분이 '메이드 인 차이나'인 것만 봐도 알 수 있지?

    인도도 매년 7% 정도 꾸준한 경제성장률을 보이고 있는데, 2010년에는 경제성장률이 10%나 됐단다. 굉장하지? 경제학자들은 2050년에 미국, 중국에 이어 인도가 세계 3위의 경제대국이 될 것이라고 전망하고 있어. 게다가 친디아의 경제규모 역시 2020년에는 세계 5위로 성장할 것이라고 해. 아시아가 고대 문명을 이끌었던 영광을 재현할 날도 멀지 않은 거 같지?

Ⅲ 육지가 넓고 인구가 많은 북반구를 한 바퀴

02 노벨평화상을 받은 유럽

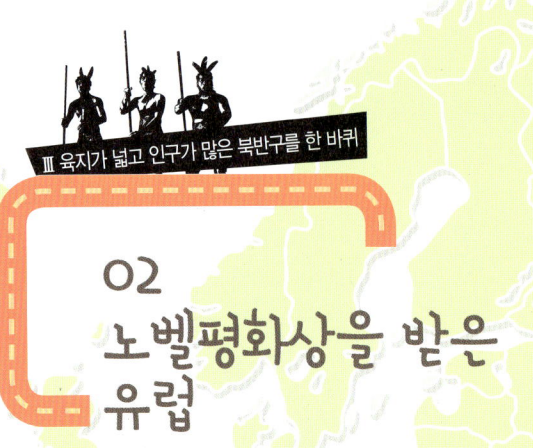

안녕! 난 이탈리아에 사는 알렉스야. 그리스·로마 문화의 요람인 유럽을 소개할 수 있어서 영광이야.

유럽은 오랜 역사를 거쳐오면서 여러 나라가 한 나라로 통일되기도 하고, 여러 나라로 분열되기도 했어.

유럽에 사는 민족은 크게 게르만족, 라틴족, 슬라브족, 켈트족으로 나뉘는데, 이들이 유럽 문명을 만든 사람들이야.

게르만족은 북서 유럽에 사는 민족으로, 독일, 영국, 네덜란드, 스웨덴, 노르웨이, 덴마크인들이 여기에 속해. 큰 키에 금발, 파란 눈을 가졌지. 너희들이 생각하는 영국 신사의 모습이 게르만족의 모습이야.

라틴족은 남유럽 지중해 연안북부에 살아. 프랑스, 스페인, 포르투갈, 이탈리아, 루마니아 사람들이지. 중간 키에 갈색 혹은 검은색 곱슬머리를 가지고 있단다. 로마 문명을 건설한 민족으로, 예술적 감각이 매우

유럽 인종분포도

뛰어나지.

슬라브족은 동유럽에 거주해. 러시아, 우크라이나, 세르비아, 폴란드, 체코, 불가리아 등에 사는 사람들이야. 유럽인 중에서 가장 키가 작아.

켈트족은 굉장히 용감한 민족이야. 지금은 영국에서 독립한 아일랜드 인들이 켈트족의 혈통을 유지하고 있어.

이밖에 그리스에는 그리스 도시 문명을 일으킨 그리스족들이 살아. 스칸디나비아 반도 옆인 핀란드에 사는 사람들은 유럽인종이 아니야. 생김새는 유럽인처럼 생겼지만 언어는 우랄어족이지. 아시아 유목민족과

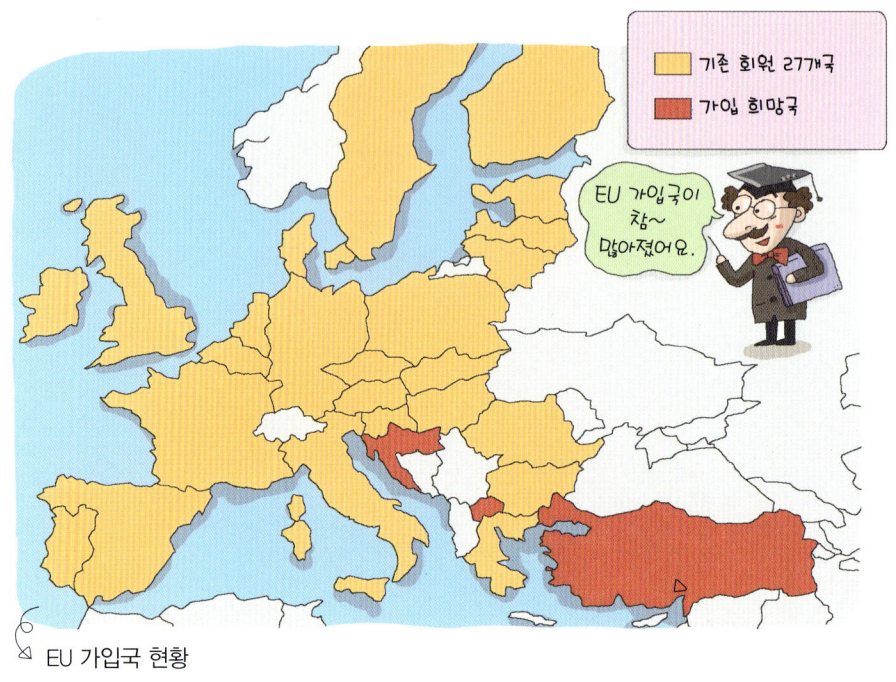
▷ EU 가입국 현황

유럽인종이 섞였다는 뜻이야. 발트 3국(에스토니아, 라트비아, 리투아니아) 중 에스토니아만 우랄어족을 쓰는 이민족이고, 나머지 두 나라는 슬라브족으로 분류된단다.

✦ 경제와 화폐의 통합 EU

우리 대륙은 1·2차 세계대전을 치른 뒤 더 이상 유럽에서 전쟁이 있어서는 안 된다는 공감대가 형성됐어. 그래서 1994년 경제와 화폐를 통합한 유럽연합(EU)으로 명칭을 변경하여 1999년부터 공통 화폐인 유로를 사용하고 있어. 2012년 27개 회원국을 둔 EU는 현재에도 정치통합을 목적으로 계속 발전하고 있어. (2013년 7월 크로아티아 가입 예정)

2012년 노벨위원회는 "EU가 유럽의 평화와 화합을 비롯해 민주주의 발전을 위해 기여한 바가 크다."며 EU를 노벨평화상 수상자로 선정했어. 지금까지 개인 외에 국제기구, 비정부기구(NGO) 등이 노벨평화상을 수상한 적은 있지만, 지역공동체가 수상한 것은 처음이야. 나는 그 사실이 정말 자랑스러워.

✦ 그리스·로마 문명의 발상지

유럽은 아시아의 서쪽에 있어. 북쪽은 북극해, 서쪽은 대서양, 남쪽은 지중해와 접해 있어. 강과 바닷길이 발달해서 고대부터 무역이 굉장히 활발했어.

지중해 지역에도 고대 문명이 들어섰단다. 그리스·로마 문명의 기원인 미케네 문명, 알파벳을 만든 페니키아 문명 등이 있어. 강이 아닌 곳에 문명이 들어선 것은 무역을 통해 발달된 문명을 받아들이고 발전시켰기 때문이야. 그래서 유럽이 통일되면 늘 아시아를 정복하러 나섰단다. 아시아가 통일되면 유럽을 정복하러 가는 것처럼 말이야.

그리스 문명은 그리스 반도의 도시 국가를 중심으로 발전했어. 아테네와 스파르타, 마케도니아가 모두 그리스 문명을 이끈 도시 국가들이지. 마케도니아의 위대한 왕인 알렉산더가 전 세계를

아크로폴리스의 파르테논 신전

정복하면서 그리스 문명이 널리 알려지게 됐단다. 아시아를 정복한 알렉산더는 유럽과 아시아 문화를 통합했는데, 이것이 헬레니즘이야. 동서 문화가 섞여 발전한 것이지.

'모든 길은 로마로 통한다.'

이런 말을 들어본 적이 있니? 세계를 정복한 로마는 전 세계를 효율적으로 다스리기 위해 각종 도로를 건설해 모든 길이 로마로 통하게 했단다. 이 길을 따라 세금도 걷고 군수물자를 보내 전쟁을 벌였던 로마는 오랫동안 번영을 이루었단다.

✦ 서유럽이 동유럽보다 경제적으로 우위

산업혁명

유럽을 동서남북으로 나누어 살펴보자. 서유럽에는 영국, 프랑스, 독일 등 부자 나라가 많아. 이들이 빨리 선진국이 된 것은 산업혁명 덕분이야. 17세기 산업혁명을 거치면서 제철, 섬유, 화학공업이 발달했지.

동유럽은 추운 날씨로 인해 농사짓기가 어려운데다 2차 세계대전 이후 사회주의 정부가 들어서는 바람에 발전이 늦어졌어. 구소련이 붕괴되고 1980년대 후반부터 자유화 바람이 일면서 나라들이 하나둘 독립했단다.

남유럽은 지중해 근처의 나라들로, 그리스, 스페인, 이탈리아 등이야. 이곳은 여름에 덥고 비가 오지 않는 지중해성 기후로 올리브, 오렌지, 포도 농사가 발달했어. 또 그리스·로마 시대의 거대하고 웅장한 고대 유적 덕분에 관광산업도 발달했지.

✦ 세계적인 복지국가

유럽의 북쪽은 스칸디나비아 반도를 중심으로 스웨덴, 덴마크, 노르웨이가 있어. 이 세 나라는 세계적인 복지국가로 유명하지.

또한 임업, 어업, 낙농업이 발달했는데, 우리가 먹는 우유나 치즈에 '덴마크'라는 이름이 붙은 걸 자주 본 적이 있을 거야.

무엇보다 우리 유럽은 중세를 거치면서 세계에서 가장 강력한 대륙이 됐지. 세계 곳곳에 식민지를 건설해 원성을 사기도 했지만, 그로 인해 우리 대륙의 우수한 문물을 전파하기도 했어.

EU를 중심으로 다시 한 번 비상하려고 하는 우리 대륙의 미래를 지켜봐줘.

덴마크의 낙농업

03 합리적 실용주의, 북아메리카

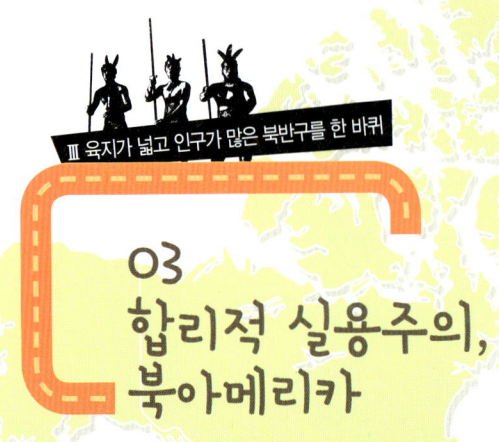

나는 미국 뉴욕에 사는 톰이야. 나의 조상은 1620년 영국에서 메이플라워호를 타고 건너온 청교도인들이야. 유럽이나 아시아에 비해 역사가 짧지만 영국인이 북아메리카에 도착하기 전에 이미 인디언의 땅이기도 했으니 대륙의 역사는 굉장히 오래됐지.

캐나다와 멕시코도 우리 대륙에 있는 나라야. 캐나다는 미국 북쪽에 있어서 냉대와 한대기후에 속하고, 멕시코는 열대와 건조기후를 보인단다. 캐나다는 높은 산맥 지역이어서 철광석이나 석탄 등이 많이 생산되고, 중앙아메리카에 있는 멕시코는 농업이 발달했어. 특히 멕시코에는 고대 마야 문명 유적지가 남아 있어서 관광객이 많이 찾는단다.

✦아메리카 대륙을 처음 발견한 아메리고
아메리카라는 이름이 어떻게 생겼는지 아니?

이탈리아 사람인 아메리고 베스푸치의 이름을 땄어. 1492년 콜럼버스는 유럽인 최초로 신대륙에 상륙했어. 그는 죽을 때까지 그 땅을 인도라고 믿었단다.

하지만 콜럼버스와 몇 차례 항해에 동행한 탐험가이자 지리학자인 아메리고 베스푸치의 생각은 달랐어. 인도라고 하기에는 기후, 자연환경, 사람, 문화 등 많은 것이 달랐거든. 오랜 연구 끝에 베스푸치는 "우리가 도착한 땅은 새로운 대륙이다."라고 결론지었어.

최초 발견자는 콜럼버스이지만 이 땅을 신대륙으로 인식한 베스푸치의 이름을 따 아메리카라고 지었단다.

우리 대륙의 서쪽은 태평양, 북쪽은 북극해, 동쪽은 대서양, 남쪽은 남아메리카와 연결되어 있어. 유럽인들이 대서양을 건너 우리 대륙으로 온 이유를 알겠지?

✦ 동부에 정착한 유럽인들

북아메리카를 알려면 자연환경을 이해해야 해. 우리 대륙의 서쪽에는 로키산맥이 남북으로 뻗어 있고, 가운데는 넓은 중앙평원이 있으며, 동쪽은 낮은 산지로 이루어져 있어. 어디가 가장 발달했을까?

유럽인들이 대서양을 통해 도착한 곳은 동부야. 살기가 편한 낮은 구릉지대여서 많은 사람들이 모여 도시가 만들어지고, 산업이 발달했지. 대표적인

아메리고 베스푸치

동부의 도시인 뉴욕, 워싱턴, 필라델피아 등에는 미국 전체 인구의 4분의 3이 살고 있단다.

유럽과의 경쟁에서 이기기 위해서는 합리적인 생활 방식이 매우 중요했어. 실용주의 철학이 미국에서 발달한 것도 바로 이 때문이지. 우리는 우주항공 산업과 자동차, 컴퓨터 등 최첨단 산업에 많은 투자를 했단다.

동부에 비해 서부는 개발이 덜 되어 있어. 지형적 요건이 도시발달에 큰 영향을 끼치기 때문이지. 서쪽 지역은 산이 높고 험준해서 1849년 서부개척시대에 금광을 찾아 사람들이 몰리는 골드러시 전까지는 인구밀도가 굉장히 낮았어. 골드러시가 끝나자 도시가 하나둘 생겼는데, 로스엔젤레스(LA)와 샌프란시스코가 대표주자란다.

로스엔젤레스에는 세계 영화산업을 이끄는 헐리우드가 있고, 샌프란시스코에는 IT기술의 메카인 실리콘벨리가 있어. 가장 인기 있는 직장 1위인 구글 본사도 이곳에 있지.

헐리우드

실리콘벨리

미시간호, 슈피리어호, 온타리오호, 이리호, 휴런호

중앙대평원에서는 옥수수와 밀을 대규모로 경작한단다. 비옥한 농토, 풍부한 수자원, 농업의 기계화로 미국은 세계 1위의 밀 수출국이야. 2위는 러시아, 3위는 캐나다야.

미시시피 강

미국 북동부에는 미시간, 슈피리어, 온타리오, 이리, 휴런 등 5개의 커다란 호수가 있어. 이를 5대호라고 부르는데, 자연풍광이 뛰어난 5대호 주변 도시에는 관광객이 많이 몰려서 관광산업이 발달했어.

또한 마크 트웨인의 동화 '허클베리핀의 모험'에 등장하는 미시시피 강이 중앙대평원을 가로질러 흘러. 미시시피 강은 미국 31개 주와 캐나다 2개 주에 흐르는 강으로, 미국에서 2번째로 긴 강이야.

✦ 피부색 각양각색 인종 백화점

미국은 이민온 사람들이 모여 만든 나라여서 그런지 인종도 매우 다양해. 미국 인구통계국은 10년에 한 번씩 인구통계를 낸단다. 2010년 미국 인구는 72.4%가 백인, 12.6%가 흑인, 4.8%가 아시아인이야. 그야

미국 인종분포도

말로 미국은 인종 백화점이 분명해.

다양한 인종이 모인만큼 인종차별은 큰 문제야. 흑인뿐만 아니라 유색인종 차별이 사회적 문제로 대두되고 있어. 하지만 1960년대 흑인인권운동이 전개된 이후 계속된 노력으로 2009년 미국 사상 최초로 흑인인 버락 오바마가 대통령에 당선됐어. 2012년에는 재선에도 성공했지. 인종차별이 무척 심했던 미국에서 흑인 대통령이 선출된 것을 보면 인종차별의 벽이 많이 완화된 것을 알 수 있어.

✦ 말도 많고 탈도 많은 FTA

2012년 3월 한국과 미국은 자유무역협정(FTA)을 체결했어. 자유무역이란 나라와 나라가 거래를 할 때 관세장벽을 없애는 거야. 미국 리바이스 청바지가 한국에서 더 비싼 이유가 바로 이러한 관세 때문이야.

관세가 없어지면 좋기는 해. 하지만 양국의 경쟁력 있는 물건이 다르기 때문에 손해를 입기도 하지. 그래서 한국 농민들은 농작물이나 축산물 등의 수입을 반대했단다.

우리 북미지역은 오래전부터 FTA를 하고 있어. 북미자유무역협정(NAFTA)이 그것인데 캐나다, 멕시코와 미국이 자유무역을 하는 단일시장이지. 미국의 자본과 기술, 캐나다의 천연자원, 멕시코의 노동력이 합쳐지면 엄청난 경제 효과를 가져온다고 믿는 거지. 1994년 발효돼 지금까지 잘 지켜져 오고 있단다.

Ⅲ 육지가 넓고 인구가 많은 북반구를 한 바퀴

04 얼어붙은 바다, 북극권

안녕? 나는 이누이트족 소년이란다. 이누이트는 '인간'이라는 뜻이야. 우리를 날고기를 먹는 사람이라는 뜻인 '에스키모'라고 부르지 않았으면 해.

이곳은 온통 얼음으로 뒤덮여 있어. 북극은 대륙이 아니라 얼음덩어리야. 빙하가 모두 녹으면 거대한 바다가 될 거야. 우리는 학교에 가기 전에 사냥부터 배운단다. 그중에서 바다표범 사냥은 생계를 위해 가장 중요한 일이야.

✦ 한밤중에도 지지 않는 태양

한밤중에도 환한 밤이 계속되는 백야를 알고 있니? 백야는 북극과 남극에만 생겨. 왜 그럴까? 지구가 기울어져 있기 때

◁ 이누이트족

문이야. 극지방은 여름이 되면 대륙 전체가 빛을 받아 밤에도 낮이 계속 된단다.

백야가 되면 태양은 떨어지지도 떠오르지도 않고 계속 그 자리에 떠 있어. 어디를 보든 항상 해가 떠 있는데, 이런 현상이 최장 6개월이나 이어진단다. 낮이 계속 된다고 잠을 자지 않는 것은 아니야. 오히려 환한 밤에 잠을 자는 게 더 힘들지. 추위와 백야, 이런 자연환경을 모두 이겨내며 북극을 지키는 우리 이누이트족이 나는 자랑스러워.

세계에서 가장 큰 섬인 그린란드는 덴마크의 자치령이었는데 2009년 독립했어. 섬 전체의 80%가 얼음으로 뒤덮여 있지. 여름은 정말 짧아. 겨우 2주 정도야. 그래도 우리는 반팔 티셔츠를 입고 따듯한 여름을 즐긴단다.

✦ 천연자원의 보물창고, 북극해

전 세계적으로 심각한 지구온난화 문제로 우리 북극도 큰 피해를 입고 있어. 지구의 온도가 높아지면서 빙하가 점점 녹고 있거든. 하지만 아이러니하게도 빙하가 녹으면서 북극해의 자원개발 가능성은 더욱 높아졌단다.

북극해 해저에는 100억 톤이 넘는 석유와 가스가 묻혀 있는 것으로 알려져 있어. 미국의 지질학 연구에 따르면 120만㎢ 북극해 해저에는 미발견 석유 900억 배럴, 즉 전 세계 매장량의 13%, 천연가스 역시 전 세계 매장량의 30%가 매장되어 있는 것으로 분석되고 있단다.

미국, 러시아, 스웨덴, 노르웨이 등의 많은 나라들이 북극해의 숨겨진 자원을 차지하기 위해 치열한 경쟁을 벌이고 있어. 그래서 1982년 제정된 유엔 해양법에 따라 이 해역에 대한 개별 국가의 주권은 인정되지 않고 북극해 인접국들의 200해리(370km) 경제수역에만 허용하고 있단다.

북극에 인접한 국가는 국제법상 자국 해안으로부터 북쪽으로 200해리까지 영유권을 갖지만 대륙붕이 본토와 연결된다는 사실을 입증할 경우 추가적인 영유권을 확보할 수 있다고 해.

'국제 극지의 해'에 대해 들어본 적이 있니? 50년마다 열리는데, 세계 과학자들이 연대해 남극과 북극을 연구하는 행사야. 1882년~1883년 오스트리아의 칼 웨프레츠 해군함장에 의해 시작되어 1932년~1933년과 1957년~1958년, 2007년~2008년에 극지 탐사가 이뤄졌어. 남극의 경우 내륙 탐사가 가능한 여름철이 11월에서 이듬해 3월까지라서 극지의 해는 2년에 걸쳐 지정된단다. 극지 탐사는 전 세계 과학자들이 자발적으로 참여하는 연구로, 우리나라는 2007년~2008년에 이루어진 4차 극지 탐사에 처음 참여했단다.

최근 국제 유가가 급등하면서 천연자원의 보고인 북극해를 한 뼘이라도 더 차지하기 위한 국가간의 경쟁으로 우리 북극권이 전 세계 초미의 관심사가 되었단다. 하지만 북극의 사람과 자연, 북극곰이 어떻게 살아가는지에 대해서도 관심을 가져주면 좋겠어.

부록3 세계의 자연유산 북아메리카편

✦✦ 북아메리카는 대륙과 많은 섬들로 이루어져 있어. 얼음의 땅인 그린란드, 북극해, 알래스카 등도 북아메리카에 속한단다. 북아메리카에서 만날 수 있는 세계자연유산으로는 어떤 것이 있는지 살펴볼까?

미국 그랜드캐니언국립공원

길이 447km, 너비 6~30km, 높이 1500m인 세계에서 가장 깊은 계곡을 아니? 그 유명한 그랜드캐니언이야. 20억 년 전에 만들어진 것으로 추정되는 이 계곡은 1979년에 유네스코 세계자연유산으로 기록됐단다.

깎아지른 듯한 절벽, 다채로운 색상의 지층, 높이 솟은 바위산과 기암괴석, 유유히 흐르는 콜로라도 강이 어우러져 장엄한 광경을 연출한단다.

그랜드캐니언은 학술적 가치가 매우 높아. 협곡의 벽에는 시생대 이후 20억 년 동안의 많은 지층이 그대로 드러나 '지질 교과서'라고도 불리지. 게다가 층층이 쌓인 지층은 주황, 적색 등 다양한 빛을 나타낸단다. 원래는 콜로라도 강이 흐르던 지역인데, 콜로라도 고원이 융기되면서 이런 협곡이 만들어졌대.

그랜드캐니언을 찾은 사람들은 정교하고 컬러풀한 협곡 풍경에 감탄을 금치 못한단다. 이곳에서 가장 경건한 행사는 일출과 일몰이며, 암석 위로 내리는 빛과 그림자의

그랜드캐니언국립공원

변화가 하나의 예술작품을 만들어낸단다. 영국 BBC 방송에서 세계의 명소 투표를 했을 때 1위를 차지했던 곳이 바로 그랜드캐니언이야.

캐나다 공룡주립공원

지금은 황량한 땅이지만 공룡이 살았던 시대에는 호수와 습지가 끊임없이 펼쳐진 곳이었어. 이곳에 가면 7천만 년 전의 백악기 지층이 고스란히 드러나 있단다. 38종의 공룡 화석과 150개 이상의 공룡 골격이 발견된 이곳은 1979년 세계자연유산으로 지정됐어.

웨스턴이라는 고고학자는 우연히 이곳에 공룡 뼈가 많이 묻혀 있다는 것을 알게 됐어. 1889년 캘거리 동쪽 레드디어 강 계곡에서 25종이 넘는 공룡의 뼈를 60구 가까이 발견한 거야. 백악기에 살았던 공룡이 발견되는 순간이었지.

공룡주립공원

공룡은 1억 4000만 년 전에 지구를 지배했던 동물이야. 인간 이전에 지구를 지배한 동물이 보고 싶다면 캐나다를 방문하면 돼.

IV. 바다가 넓고 자원이 풍부한 남반구를 한 바퀴

남반구는 적도를 기준으로 지구의 남쪽 부분을 말한단다. 북반구에 비해 육지가 적은 대신 바다가 넓어. 남아메리카, 아프리카의 남부, 오세아니아, 남극이 남반구에 속하는데 산업이 크게 발달하지 않아서 북반구에 비해 가난한 대륙들이야.

새해를 가장 먼저 맞이하는 나라가 어디에 있을 것 같니? 바로 남반구에 있어. 오스트레일리아 위쪽으로 파푸아뉴기니 섬이 있고, 그 오른쪽에 작은 섬 세 개가 차례대로 있는데, 그중 키리바시는 날짜 변경선이 지나는 태평양 한가운데에 있어. 영국 그리니치 천문대의 정반대 방향에 있는 나라지. 그러니 당연히 새해 일출을 가장 먼저 볼 수 있는 곳이겠지? 적도에 걸쳐 있어서 완전히 남반구로 보기는 애매하지만 말야.

재미있고 신기한 남반구를 여행할 준비됐니?

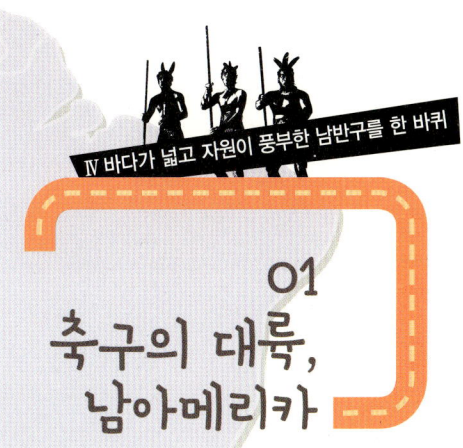

Ⅳ 바다가 넓고 자원이 풍부한 남반구를 한 바퀴

01 축구의 대륙, 남아메리카

안녕! 난 축구의 나라 브라질에 사는 호나우두야. 유명한 축구 선수 이름을 따서 지었지.

우리 대륙에 있는 나라는 모두 축구를 잘한단다. 아르헨티나, 파라과이, 볼리비아는 축구 강국이지. 우리 대륙에 사는 부모들은 아이들에게 이런 잔소리를 해.

"너는 축구를 못 하니 공부나 해라."

하하하, 부럽다고?

우리는 북반구의 나라들처럼 산업이 발달하지 않았어. 그래서 유명한 축구 선수가 되는 것이 가장 부자가 되는 길이고, 출세하는 길이라는 뜻일 수도 있어.

축구하는 모습

97

✦ 오랜 식민지 후 독립한 나라들

남아메리카는 오랫동안 유럽 국가들의 식민지였단다. 우리 대륙이 유럽의 식민지가 된 이야기를 들려줄게.

15세기 유럽은 포르투갈과 에스파냐 두 나라가 식민지 개척에 열을 올리고 있었어. 결국 두 나라는 지중해 카나리아 제도를 중심으로 선을 그어 서쪽은 에스파냐, 동쪽은 포르투갈이 차지하기로 했단다. 남아메리카의 나라 중 브라질만 동쪽에 포함되고 나머지 국가들은 모두 서쪽에 포함되었어. 콜롬비아, 볼리비아, 에콰도르 등 많은 나라들이 에스파냐의 지배를 받게 됐지. 결국 오랜 식민지로 인해 풍부한 자원을 모두 유럽에게 빼앗기고, 우리 조상들은 제대로 된 교육도 받지 못했어.

내 조국인 브라질은 포르투갈이 지배했어. 우리 땅 곳곳에 사탕수수 농장을 지어 아프리카 노예들을 데려왔지. 그러다 1822년에서야 비로소 독립할 수 있었단다.

다른 나라들도 사정은 비슷했어. 19세기까지 식민지 생활이 계속되다 보니 산업을 일으킬 수가 없었어. 우리 대륙이 농업이 발달한 이유가 풍부한 천연자원 때문이기도 하지만 오랜 식민지 탓이기도 하단다.

✦ 노동자 대통령, 룰라 다 실바

브라질 하면 가장 먼저 떠오르는 사람이 누굴까?

우리나라에는 펠레, 호나우두 같은 축구선수 말고도 유명한 사람이 많아. 그중 대표적인 사람이 브라질 대통령이었던 룰라 다 실바야.

그는 가난한 농부의 아들로 태어나 초등학교를 중퇴하고 구두닦이를 하다가 철강노동자가 되었어. 브라질 역사상 최대 규모의 파업을 성공적으로 이끌면서 국민영웅으로 떠올라 2002년, 2006년 두 번이나 브라질

룰라 다 실바

대통령에 당선됐지.

그는 이렇게 말했어.

"부자를 돕는 것을 '투자'라고 하면서 가난한 사람을 돕는 것을 '비용'이라고 말하는가."

그는 가난한 사람들을 돕는 것이 진정한 투자라고 생각하고 몸소 그것을 실천했어. 그가 대통령이었던 8년 동안 브라질은 세계 8위의 경제 대국으로 성장했단다.

세계 최대 리우 환경협약

아마존 강

아마존 강의 열대우림은 '지구의 허파'라고 불린단다. 하지만 1960년대 이후 무분별한 개발로 우리나라 면적의 8배가 사라졌고 지금도 열대우림이 훼손되고 있단다. 이에 대한 반성으로 1992년 유엔환경개발회의(UNCED)는 브라질 리우데자네이로에서 기후변화를 막고 생물다양성을 보존하자는 뜻으로 사상최대 리우 환경협약을 체결했단다.

생물다양성은 왜 중요할까? 벼, 밀, 콩, 옥수수는 식량의 4대 작물이야. 자연이 훼손되고 생물자원이 멸종위기에 놓이면 수확량은 줄어들게 되지. 게다가 병충해가 기승을 부리면 수확량은 더욱 줄어든단다.

자크 디우프 세계식량농업기구(FAO) 전(前) 사무총장은 "세계의 생물다양성이 위험에 처했고, 이는 식량안보를 위협하고 있다."고 말했어. FAO에 따르면 동물 6300여종 가운데 1350종이 멸종위기에 처해 있으며, 농업 작물이 해충과 질병에 적응할 수 있는 능력도 약해지고 있다고 경고했어.

✦ 감자의 고향 페루

남아메리카 사람들은 쌀과 밀보다 감자로 만든 음식을 주로 먹어. 감자가 많이 나거든.

감자는 영양이 풍부하고 칼로리가 낮아 다이어트에도 좋아. 복합 탄수화물을 만들어내고 비타민 C와 철, 칼륨, 아연도 들어 있어. 버터를 안 바른 감자의 지방 함유량은 밀의 5분의 1밖에 안 되고, 빵의 4분의 1에 불과하지. 그래서 우리 대륙의 사람들은 감자를 매우 좋아한단다.

안데스 산맥의 감자 농사

바로 이 감자의 원산지가 페루야. 페루에서는 8000년 전부터 감자를 재배하기 시작했으며, 현재 무려 600여 종의 감자를 생산한단다.

세계에서 감자를 가장 많이 소비하는 나라는 동유럽의 벨로루시야.

감자는 벨로루시를 대표하는 주요 농산물이지.

　감자는 밀과 쌀의 가격이 높아지면서 관심을 받기 시작했어. 유엔은 2008년을 '국제 감자의 해'로 정하기도 했단다.

　감자는 어디에서나 잘 자라. 안데스 산맥의 산비탈은 물론 거친 땅이나 아시아의 적도지대에서도 자란다고 해. 물을 많이 필요로 하지도 않고, 50일이면 다 자라서 쌀이나 밀의 수확량보다 2~4배나 많아.

　세계 최대 쌀 소비국인 중국은 최근 세계 최대의 감자 재배국이 됐어. 또한 인도도 앞으로 5~10년 안에 감자 생산량을 2배로 늘릴 거래. 아프리카 서부 사하라 지역에서도 감자 소비가 다른 곡물의 소비량을 앞지르기 시작했어. 발트 해 부근 라트비아에서는 밀값 폭등 이후 빵 소비량이 10~15% 줄어든 반면 감자 소비량은 20% 정도 늘어났대.

　맛도 좋고 영양도 풍부한 감자, 너희들도 많이 사랑해주면 좋겠어.

✦ 세계적인 대초원, 팜파스

　전 세계 사람을 먹여 살리는 곡창지대가 어디에 있는지 알아보려면 세계인의 주식인 쌀과 밀, 옥수수 등이 자라는 곳을 살펴보면 돼.

　아르헨티나를 중심으로 우루과이에 걸쳐있는 넓은 초원이 있어. 이곳을 '팜파스'라고 불러. 북아메리카 중부와 함께 세계적인 농목업 지역으로 불

△ 팜파스

린단다. 토양이 비옥해 밀과 옥수수를 대량으로 재배하고 소와 양도 기르지.

서쪽 안데스 산맥 사람들은 낙타를 닮은 라마를 기르며 생활하는데 라마의 털로 만든 옷과 융단이 그들의 주 수입원이야.

라마의 털로 만든 융단과 라마

✦ 잉카인의 최후, 마추픽추

잉카인들은 세계에서 두 번째로 높은 안데스 산맥 중턱(해발 2400m)에 마추픽추라는 도시를 세웠어. '잉카'는 '태양의 아들'이라는 뜻으로, 황제를 일컫는 말이기도 하단다.

잉카인이 건설한 도시라는 것을 제외하고는 명확하게 밝혀진 것이 없는 신비의 도시 마추픽추는 삼면이 우루밤바 강에 접해있어 급경사를 이루며, 우뚝 솟은 험준한 산봉우리에 위치하고 있어 천혜의 요새였단다.

마추픽추는 발견되기 전까지 수풀에 묻혀 아무도 그 존재를 몰랐어. 게다가 높은 안데스 산맥의 꼭대기에 건설되어 구름에 가려 있을 때가 많아

마추픽추

산 아래에서는 마추픽추의 존재를 전혀 알지 못했단다. 오직 공중에서만 존재를 확인할 수 있어 '잃어버린 도시', '공중 도시'라고 불린단다.

잉카인들은 바위산에서 돌을 잘라내 수십 킬로미터 떨어진 산 위로 날라서 마추픽추를 건설했는데, 가장 큰 돌은 높이 8.53m, 무게 361톤에 달한다고 해. 면도날도 드나들 틈 없이 정교하게 쌓아올린 건물을 보면 잉카인들의 돌 다루는 기술이 얼마나 대단했는지 짐작할 수 있어.

1911년, 미국 예일대 교수이자 고고학자인 히람 빙엄에 의해 모습을 드러낸 마추픽추는 서울의 절반 정도 크기인 325㎢로, 집은 물론 신에게 기도를 올리는 신전, 궁전 등의 다양한 건축물과 작물을 재배하던 계단식 경작지도 갖추어져 있단다. 청동검, 장신구 등 5000여 점에 이르는 유물도 발견됐어.

유네스코는 인간이 만든 신비로운 유적과 생태계가 자연 그대로 보존되어 있는 마추픽추를 세계자연유산이자 문화유산인 복합유산으로 지정했어.

✦ 평원 위의 거대 그림, 나스카 지상화

너희들은 우리 대륙에 있는 커다란 그림 이야기를 들어본 적 있니? 페루 남부 나스카 평원 위에는 아주 거대한 그림들이 그려져 있단다. 원숭이, 새, 꽃, 도마뱀, 거미, 콘도라 같은 그림이 30개 이상, 소용돌이, 직선, 삼각형, 사다리꼴과 같은 기하학적인 점과 선 등 200개가 넘는 그림이 발견된 거야. 어떤 그림은 100m에서 300m에 이를 만큼 거대해서 하늘 위에서 바라보지 않으면 확인할 수 없을 정도란다. 그래서 사람들은 외계인이 그린 그림이라고 생각했어.

하지만 과학자들은 고대 나스카 사람들이 이 그림을 그렸다고 보고 있어. 이곳이 사막 지역이어서 이런 그림을 그릴 수 있었다고 해. 건조한 기후와 선명한 그림을 가능케 한 토양이 놀라운 나스카 지상화를 탄생시킨 거지. 기후와 토양이 만들어 낸 유적이 우리 남아메리카 대륙을 세계 속에서 빛나게 하고 있단다.

나스카 지상화

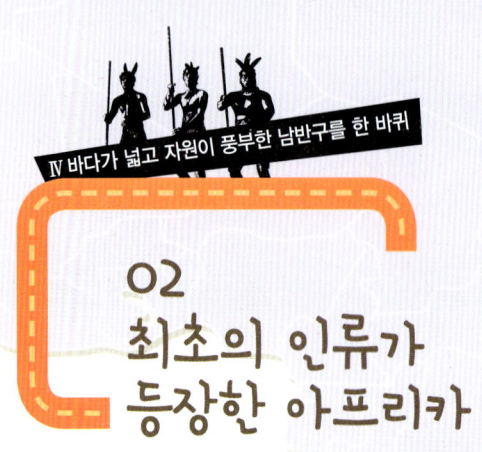

Ⅳ 바다가 넓고 자원이 풍부한 남반구를 한 바퀴

02 최초의 인류가 등장한 아프리카

안녕! 난 말리에 사는 칸지야.

말리는 아프리카 대륙에 있는 나라야. 사하라 사막 근처라 아주 더워.

우리나라는 무척 가난한 나라야. 1인당 국내총생산(GDP)이 1154달러야. 한국 돈으로 100만 원이 조금 넘는 돈이지. 나는 컴퓨터, TV를 한 번도 본 적이 없어. 어차피 전기가 들어 오지 않으니 필요 없는 물건이지만.

우리는 학교에 가는 대신 매일 4시간 정도 걸어서 강에서 물을 길어 집으로 가져온단다. 그 물로 우리 가족이 생활하니 배우는 것만큼 중요하지.

아프리카에는 가난한 나라만 있는 것은 아니야. 남아프리카공화국의 경우, 많은 양의 금이 매장되어 있어서 아프리카 대륙에서 가장 축복받은 땅이라고 불린단다. 세계 매장량의 절반 이상이 이곳에 있다고 하니,

어느 정도인지 상상이 가니?

재미있는 이야기 하나 해줄까? 남아프리카공화국에는 '남극의 신사' 펭귄이 산단다. 남극 빙하에 살다가 해류에 떠내려온 것으로 짐작하고 있어.

✦ 500만 년 전 인류가 시작된 대륙

나는 우리 대륙이 무척 자랑스러워. 아프리카에서 최초의 인류인 오스트랄로피테쿠스, 최초로 도구를 사용한 호모하빌리스, 불을 사용한 호모에렉투스가 등장했으니까. 게다가 5000년 전 찬란한 이집트 문명까지 탄생했잖아.

물이 부족한 아프리카

아프리카는 적도를 기준으로 반으로 나누어 북아프리카는 북반구, 남아프리카는 남반구에 속한단다. 북반구에 해당하는 이집트, 튀니지, 모로코 등의 나라가 남반구의 나라들보다 상대적으로 더 잘 살기는 해. 사하라 사막 이남 지역은 아프리카 중에서도 가장 가난한 지역인 '아프리카 뿔'을 포함하고 있어. 이 뿔에는 에티오피아, 소말리아, 르완다 등 10개국이 포함돼 있단다.

✦ 세계에서 가장 넓은 사하라 사막

사하라 사막에 대해 들어본 적 있지? 사하라 사막은 세계에서 가장 넓은 사막이야. 이집트 문명이 오랫동안 유지될 수 있었던 것은 이 사막

사하라 사막

덕분이야. 사막이 적들의 침략을 막아주는 방어벽 역할을 해줬거든. 넓고 건조한 사막을 넘어 이집트를 침략하는 것은 여간 어려운 게 아니었어. 게다가 사막은 밤낮의 기온차가 매우 심해서 외부 세력은 쉽게 이집트를 공격할 수 없었어.

아프리카의 젖줄은 나일 강이야. 나일 강은 세계에서 가장 긴 강으로 그 길이가 무려 6690km야. 일부 학자들은 아마존 강이 가장 길다고 주장해 논란이 되고 있단다. 나일 강 주변에는 이집트, 수단, 우간다 등의 나라가 접해 있단다. 그중 이집트는 아프리카 대륙에서 유일하게 농사를 지을 수 있어. 그래서 고대 이집트인들은 나일 강의 수위를 재기 위해 나일로미터를 만들었고, 큐빗이라는 자도 만들었어.

아프리카는 세계에서 가장 가난한 땅이지만, 천연자원의 보고이기도 하단다. 금, 다이아몬드, 우라늄, 구리, 석유 등이 많이 묻혀 있거든. 우리가 가난을 벗고 옛 이집트의 영광을 되찾을 날도 얼마 남지 않았어.

✦ 살아있는 동물원, 세렝게티국립공원

다른 나라의 어린이들은 동물원에서 동물을 만나지? 우리는 야생동물 보호구역인 세렝게티국립공원에서 각종 동물을 만난단다. 세렝게티는 마사이족 말로 '끝없는 평원'이라는 뜻이야. 해발고도 900m에, 면적은 서울의 약 24배 정도라니, 말 그대로 끝이 보이지 않는단다.

세렝게티에서 가장 유명한 것은 흰색 수염이 있는 누와 얼룩말이야. 이들은 1년에 한 번 무리를 지어 대이동을 하는데, 그 수가 누는 100만, 얼룩말은 20만 마리라고 해.

유네스코는 세렝게티의 야생동물을 보호하기 위해 1981년 세렝게티국립공원을 세계자연유산으로 지정했단다.

세렝게티의 동물들

✦ 흑인에게 자유를, 넬슨 만델라 대통령

우리 대륙은 오랫동안 부족간의 다툼이 무척 심각했단다. 게다가 유럽의 오랜 식민지를 거치면서 노예로 살았기 때문에 제대로 된 교육을 받지 못했어. 16세기에 스페인과 포르투갈 노예무역선이 아프리카 대륙에 상륙하면서 우리 땅의 많은 사람들이 아메리카 대륙의 농장으로 끌려가기도 했어.

노벨평화상을 받은 넬슨 만델라 남아프리카공화국 전 대통령을 아니? 인종차별에 맞서 흑인 인권을 위해 많은 노력을 하신 분이야. 당시 남아프리카공화국은 흑인에 대한 인종차별이 무척 심했어. 흑인은 직업을 제한당하고, 토지를 소유하지 못하며, 백인과 결혼도 할 수 없고, 백인과 함께 버스를 타지 못하고, 공공시설도 이용할 수 없었단다.

만델라 전 대통령은 이러한 인종차별에 맞서 싸우다 27년 동안 감옥에 갇혀 고통을 받았어. 1993년 노벨평화상을 받은 그는 1994년 남아프리카공화국 대통령이 되었지. 2012년 남아프리카공화국은 그의 업적을 기리기 위해 넬슨 만델라 전 대통령의 얼굴을 담은 지폐를 발행했어.

그는 어린이들이 열심히 배워야 아프리카를 부강하게 만들 수 있다고 강조했어. 넬슨 만델라 재단은 흑인 어린이를 위한 학교 건립 운동을 펼치고 있단다.

✦ 경제발전 첫발, 시베츠

2011년 세계경제포럼은 신흥국가연

넬슨 만델라

합인 '시베츠(CIVETS)'의 시대가 오고 있다고 전망했어. 시베츠는 국가의 앞머리 글자를 조합한 것으로 콜롬비아(Colombia), 인도네시아(Indonesia), 베트남(Vietnam), 이집트(Egypt), 터키(Turkey), 남아프리카공화국(South Africa)의 첫 글자를 조합한 말이야. 우리 대륙에서는 이집트와 남아프리카공화국이 포함됐지.

경제학자들은 20년 후 시베츠의 평균 경제성장률을 4.5%까지 내다보고 있어. 많은 인구와 풍부한 노동력이 경제성장의 큰 원동력인 것이지.

경제학자들은 10년 안에 신흥국들의 경제 규모가 20조 달러를 넘어 미국을 앞지르거나 미국과 비슷한 수준이 될 것이라고 예상하고 있어. 친구들아, 우리 아프리카가 멋진 대륙으로 발전하는 걸 지켜봐줘!

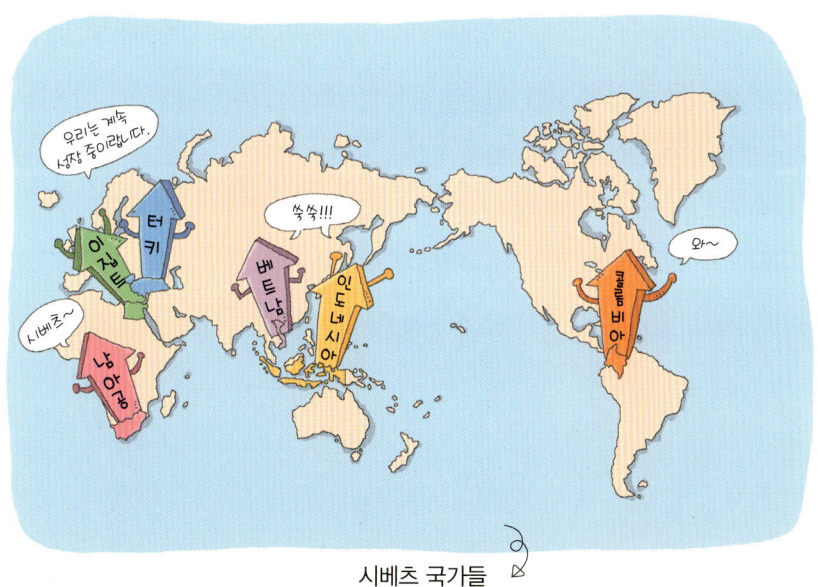

시베츠 국가들

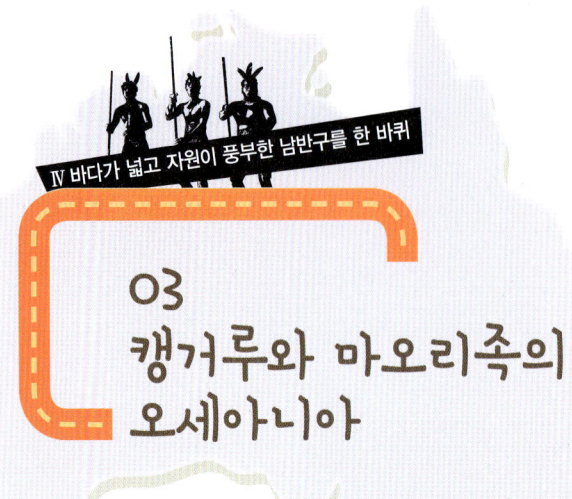

Ⅳ 바다가 넓고 자원이 풍부한 남반구를 한 바퀴

03 캥거루와 마오리족의 오세아니아

안녕! 나는 오스트레일리아 시드니에 사는 윌리엄이야.

오세아니아는 '큰 바다'라는 뜻으로 남태평양에 있는 1만 개가 넘는 섬나라들을 합쳐서 부르는 이름이야. 가장 큰 섬이 오스트레일리아이고, 그 다음이 뉴질랜드야. 그 외 솔로몬 제도, 파푸아뉴기니, 피지도 모두 오세아니아 대륙에 있지.

너희들은 오세아니아 하면 가장 먼저 생각나는 것이 뭐니?

캥거루? 마오리족?

이 외에도 오세아니아에는 자랑거리가 무척 많단다. 이제부터 하나하나 설명해줄게.

✦ 2차 세계대전 후 미국의 신탁통치

오세아니아는 16세기 이후 유럽인들에 의해 발견됐어. 하지만 아메리카와 마찬가지로 유럽의 식민지가 되었지. 스페인, 네덜란드, 영국, 프랑스, 독일 등이 오세아니아의 나라들을 나누어가졌다가 2차 세계대전 이후 적도 위의 모든 섬을 미국이 신탁통치했단다. 신탁통치란 식민지에서 벗어난 국가가 자치능력을 갖출 때까지 1, 2개 국가나 유엔이 대신 통치하는 거야. 한국도 1945년 한국전쟁 후 38선으로 나누어 미국이 대한민국을, 구소련(러시아)이 북한을 신탁통치했잖아. 1962년 서사모아가 독립한 이후 나우루, 통가, 피지, 파푸아뉴기니, 솔로몬, 투발루 등이 독립했어.

✦ 섬이면서 대륙인 오스트레일리아

먼저 오세아니아 대륙의 가장 큰 섬인 오스트레일리아부터 소개할게.

오스트레일리아는 사면이 바다인 섬인데, 땅이 워낙 넓어 편의상 대륙으로 분류한단다. 중부와 서부에는 건조한 사막이 넓게 펼쳐져 있어서 사람들은 동남부 해안도시에 몰려 살고 있단다.

가장 유명한 도시는 내가 살고 있는 시드니야. 많은 사람들이 수도로 착각하지만 오스트레일리아의 수도는 캔버라란다. 기억해두렴.

▲ 조개껍데기를 닮은 오페라하우스

시드니의 명물은 뭐니뭐니해도 오페라하우스야. 조개 모양의 지붕이 바다와 묘한 조화를 이루며, 시드

◁ 오페라하우스

니를 상징하는 건축물로 유명하지. 공연예술의 중심지로 극장, 연주회장, 녹음실, 전시장, 음악당, 도서관 등을 갖춘 복합 예술 건물이야.

조개껍데기를 닮은 지붕은 덴마크 건축가 요른 웃손이 오렌지 껍질을 까다가 아이디어가 떠올라 설계한 것이래. 어떤 사람들은 바다를 항해하는 범선을 닮았다고 하기도 해. 역동적이고 상상력이 풍부한 설계이지만 건축하는데 여러 문제가 발생해 완공하기 전까지 논란이 많았어.

20세기 가장 인상적인 건축물 중의 하나로 2007년 유

그레이트베리어리프

네스코가 세계문화유산으로 선정했어.

▲ 그레이트베리어리프(대보초)

오스트레일리아의 북동 해안에 펼쳐진 그레이트베리어리프(대보초)는 세계 최대의 산호초 지대로, 멸종위기의 초록 거북과 산호, 희귀어종 등 다양한 생물이 살고 있어. 760개의 산호초는 크기가 다양하고 형태도 가지각색이야.

인공위성에서도 보이는 2000km 산호초 지대를 유네스코는 1981년 세계자연유산으로 선정했어.

✦ 마지막 지상낙원 뉴질랜드

뉴질랜드는 두 개의 큰 섬으로 나눠져 있어. 북섬은 화산과 온천으로 유명하고, 남섬은 빙하 지형으로 이뤄져 있어.

뉴질랜드는 낙농업이 주산업이었지만 지금은 영화 촬영지로 각광받고 있단다. 이곳은 마치 고대로 돌아간 듯한 광활한 자연과 기암괴석이 멋진 풍광을 연출하고 있어서 '마지막 지상낙원'이라고 불리기도 한단다.

▲ 영화 속 단골 촬영지

촬영지로 가장 각광받는 곳이 남섬의 밀포드 사운드인데, '반지의 제왕', '아바타', '쥬라기 공원' 등 유명한 영화가 모두 이곳 원시림에서 촬영됐어. 죽기 전에 꼭 한번 가봐야 할 세계의 관광지로 꼽히면서 찾는 사람들의 발길이 끊이지 않는 이곳은 1990년 유네스코 세계자연유산으로 선정됐어.

이외에도 퀸스타운, 로토루아 등에서도 영화촬영이 이루어졌는데, 퀸스타운은 에메랄드빛 와카티푸 호수와 주변의 협곡들로 수많은 관광객들이 찾는 곳이야. 한국 영화 '번지 점프를 하다'의 마지막 명장면인 번지 점프 장면도 이곳에서 촬영됐단다.

문명의 손길이 닿지 않은 원시림, 깎아지른 듯한 피오르드 협곡, 새하얀 빙하수가 흐르는 뉴질랜드 남섬으로 여행 오지 않을래?

🔺 화산이 숨 쉬는 통가리로국립공원

뉴질랜드 북섬의 자랑거리는 통가리로국립공원이야. 이름만 공원이지 드넓은 광야라고 생각하면 돼. 넓이가 무려 795㎢나 되거든.

▷ 통가리로국립공원 내 계곡

이곳의 가장 큰 볼거리는 세 개의 화산과 황량하면서도 아름다운 풍경이야. 가장 높은 루아페후산(2797m), 원뿔 모양의 웅가우루호에산(2291m), 분화구만 남은 통가리로산(1968m)이 일직선으로 늘어서 있어.

이곳의 화산활동은 200만 년 전에 시작되었는데, 지금까지 계속되고 있단다. 가장 최근에 폭발한 화산은 루아페후산으로 1996

년에 화산활동이 일어났어. 지금도 땅속에서는 거대한 움직임이 계속 일어나고 있는 살아있는 땅이지.

통가리로국립공원은 아름다운 자연과 마오리족의 천 년 역사가 어우러진 곳이야. 원래 이곳은 마오리족이 살던 땅으로 곳곳에 마오리족의 문화와 신앙이 배어 있단다. 유네스코는 자연의 아름다움과 마오리족의 역사를 존중해 1993년 세계최초의 복합문화유산(자연유산이면서 문화유산)으로 선정했어.

▲ **통가리로 터줏대감 마오리족**

다른 대륙의 사람들이 원주민을 학살하거나 멸족한 것과 달리 통가리로의 마오리족은 백인들과 평화로운 관계를 유지하며 지금껏 대륙을 지키며 생활하고 있어.

마오리족은 통가리로의 세 화산을 신성하게 여기고 있어. 마오리족의 전설 때문인데, 들어볼래?

"하와이키의 신이시여! 제발 불을 내려 주십시오. 저희의 목숨을 구해 주십시오."

마오리족 제사장

마오리족

가토로이랑기는 추위가 찾아오자 통가리로 산 정상에 올라가 기도를 올렸대. 오랜 시간 정성껏 기도를 올리자 어느 날 천둥 같은 소리가 들리면서 땅이 흔들렸대. 그러더니 갑자기 산에서 불이 솟아나왔다는 거야.

마오리족 사람들은 하와이키의 신들이 땅속 깊은 곳의 불기둥을 내려 주었다고 믿고 있어. 과학자들은 지각판의 이동과 화산활동으로 정의 내리지만 말이야. 마오리족 사람들은 언제 터질지 모르는 화산을 두려워하지 않아. 왜냐하면 그들의 신이 내려준 불기둥이라고 믿기 때문이지. 절대 그들을 다치게 하지 않을 것이라는 믿음이 있는 거지.

✦ 섬들의 집합

우리 대륙에는 섬이 매우 많단다. 태평양의 작은 섬들을 위도와 경도를 기준으로 세 개의 그룹으로 나누었는데 미크로네시아, 멜라네시아, 폴리네시아야.

태평양 한가운데를 가르는 서경 180도를 기준으로 동쪽은 폴리네시아라고 부르고, 나머지 섬들은 다시 적도를 기준으로 남북으로 나누어 북쪽은 미크로네시아, 남쪽은 멜라네시아라고 부른단다. '네시아'는 그리스어로 '여러 섬'을 뜻해.

▲ 타히티와 이스터 섬

타히티와 이스터 섬은 폴리네시아에 속해. 타히티는 인상주의 화가 고갱이 일생 동안 작품 활동을 한 곳으로 유명하단다.

이스터 섬에는 '세계 7대 불가사의'로 꼽히는 모아이 석상이 있어.

높이가 3~10m, 무게가 3~10t이나 되는 거대한 신석기 석상이 900여 개나 있어. 어떻게 제작됐고, 왜 만들어졌는지가 규명되지 않아서 신비의 섬으로 불린단다.

🔺 투발루

세계에서 4번째로 작은 나라인 투발루는 해발고도가 평균 3m밖에 되지 않아 지구온난화로 해수면이 상승되어 국토가 물에 잠겨가고 있어. 급기야는 2001년 국토 포기 선언을 하기도 했단다.

모아이 석상

지구온난화는 우리 모두의 책임인데, 투발루 사람들을 받아주는 나라가 없다는구나. 지구온난화의 심각함을 투발루를 통해 다시 한 번 생각해야 할 것 같아.

가라앉는 투발루

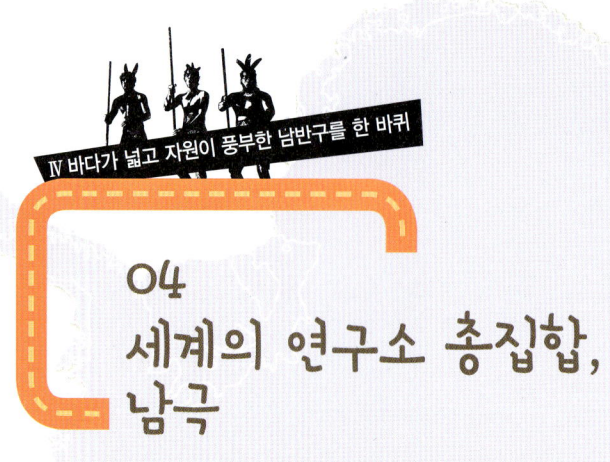

04 세계의 연구소 총집합, 남극

Ⅳ 바다가 넓고 자원이 풍부한 남반구를 한 바퀴

안녕! 나는 남극 킹조지 섬에 있는 대한민국 세종과학기지에서 일하는 김태극 대원이란다. 우리는 이곳에서 남극의 지리와 역사를 연구하고 있지. 너희들에게 남극을 소개할 수 있어서 영광이야.

✦ 빙하의 90% 남극 밀집

남극 대륙은 지구상에서 가장 추운 곳이야. 바다에도 빙하가 둥둥 떠다니지. 남극 대륙에서 기록된 가장 낮은 기온은 영하 89.6도야. 여름 평균기온은 영하 30도이고. 어느 정도인지 짐작이

세종과학기지

안 된다고? 지구 전체 빙하의 90%가 남극에 있다고 하면 얼마나 추운 곳인지 상상이 될 거야.

현재 가장 두꺼운 빙하는 두께가 무려 4800m라고 해. 남극 대륙의 평균 빙하 두께는 2160m야. 전문가들은 빙하 나이가 최고 100만 년 이상 된 것도 있을 것이라고 추정한단다. 하지만 지구온난화 때문에 남극이 변하고 있어. 지구온난화가 계속 진행되면 북극의 빙하는 전부 녹아 바다가 될 것이고, 남극은 빙하가 녹으면 큰 땅이 될 거야.

남극은 '자원의 보물창고'란다. 남극해에는 엄청난 양의 지하자원이 매장돼 있다고 알려져 있어. 세종과학기지 인근 지역만 해도 우리나라가 300~400년 정도 사용할 수 있는 가스층이 있다고 해. 이 때문에 많은 나라가 오래전부터 남극 영유권을 주장해왔어.

현재 남극은 1959년 미국 주도로 체결된 남극조약에 따라 33개 회원국이 공동으로 관리하고 있단다. 회원국들은 1998년에 발표한 남극환경

한국 최초의 쇄빙선 아라온호. '바다'를 뜻하는 한국 고유어인 '아라'와 '전부'를 뜻하는 '온'을 합성한 말. 남극기지에 물품을 보급해 줌.

의정서에 따라 2048년까지 남극 자원개발을 금지하기로 합의했지만, 언제든 영토갈등이 발생할 수 있어 안심할 수 없는 상황이야.

✦ 냉동타임캡슐, 빙하

남극 대륙은 한반도의 60배 크기로 지구 표면의 3%를 차지한단다. 지구상의 운석 중 80%가 넘는 2만 5000여 개가 이곳에서 발견됐어. 또 지구 담수의 70%를 차지할 만큼 많은 눈이 쌓여 있지.

남극 과학기지의 역할은 빙하와 운석 연구가 핵심이란다. 빙하에서 채취한 물질이나 생물에서 바이러스와 관련된 유전자를 지닌 미생물을 발견해서 현재 생물 유전자와의 관계를 연구하는 거야. 또 오랜 세월 빙하 속에 쌓여 있던 운석들이 강한 바람에 깎이면서 모습을 드러내면 그 운석을 분석해 행성 간 생명체의 전파, 진화, 유전 등을 조사하지.

빙하는 수천 수만 년 동안 눈이 쌓이고, 눈의 무게에 눌리면서 만들어져. 이 과정에서 옛날 공기와 그 시대에 살았던 미생물이 빙하 속에 쌓이지. 그러한 빙하를 분석하면 수백만 년 전의 미생물을 발견할 수도 있고, 살려낼 수도 있단다.

남극 빙하

또 빙하가 만들어질 때 눈이 내리면 공기 중 불순물이 눈에 섞여 빙하에 묻게 되는데, 그 불순물들은 당시 대기 환경을 알려주는 열쇠란다. 이를 분석하면 과거의 기온변화뿐만 아니라 대기의 가스, 먼지 등도 알 수 있어. 빙하가 지구의 환경변화를 연구할 수 있는 냉동타임캡슐로 불리는 것이 바로 이러한 이유 때문이야.

✦ 대한민국 제2호 과학기지, 장보고과학기지

우리 대원들은 1988년 2월 남극에 세종과학기지를 건설했고, 지금까지 21차례에 걸쳐 월동연구대와 하계연구대를 파견해 남극의 대기, 지질, 지구물리, 해양학적 환경특성을 규명하고 동식물에 대한 조사와 생물자원 연구를 수행하고 있어.

　우리나라는 세종과학기지 외에 과학기지를 하나 더 세울 예정이야. 그게 바로 2014년 완공될 장보고과학기지로, 남극 대륙에 직접 만들어지지. 그렇게 되면 우리나라는 미국, 영국, 중국 등에 이어 세계에서 9번째로 남극 과학기지를 2개 이상 가진 국가이면서 남극 영유권 주장과 관련된 발언권에 힘이 더욱 실릴 것으로 기대하고 있단다. 정말 대단하지?

✦남극의 신사 펭귄

　뒤뚱거리며 걷는 펭귄은 '짧은 다리'의 대명사지. 하지만 X선으로 촬영해 보면 펭귄 다리의 실제 골격은 기마자세처럼 구부러져 있단다. 우스운 것은 서 있거나 누워 있을 때도 계속 다리를 굽히고 있는 거야. 털에 가려 보이지 않는 부분에 다리뼈가 숨어 있는 거지.

　일본 도쿄대 연구진의 보고에 의하면 펭귄은 물속에서 평균 5분 42초 동안 날개를 237번 퍼덕인 뒤 숨쉬기 위해 밖으로 나온다고 해. 한 번 숨을 쉬고 물에 들어간 뒤 근육에 힘이 빠지기 전에 나오는 것이지. 펭귄의 잠수 실력은 근육양에 달려있다고 볼 수 있단다.

재미있는 사실은 남극의 펭귄들은 사람들을 피하지도 않고 무서워하지도 않는다는 거야. 펭귄들이 뒤뚱 걸음으로 남극 연구원들에게 다가와서 주위를 맴돌다가 돌아가는 것은 아주 흔한 일이란다.

✦ 남극의 공사는 조용조용히

남극 대륙에 기지를 지으려면 아주 까다로운 국제적인 절차가 필요하단다. 지은 건물이 남극 환경에 얼마나 영향을 주는가를 예상하고, 남극의 주인인 펭귄이나 도둑갈매기, 코끼리물범 등에게 피해를 주지 않는 선에서 공사를 해야 하기 때문에 까다롭게 평가하는 것이지. 커다란 덤프트럭, 굴착기 같은 중장비들이 요란하게 일을 할 때 남극의 주인들이 놀라서 스트레스를 받지 않아야 하니까 말이야. 이곳의 주인은 펭귄과 여러 동물들이니까.

부록4 세계의 자연유산 남아메리카편

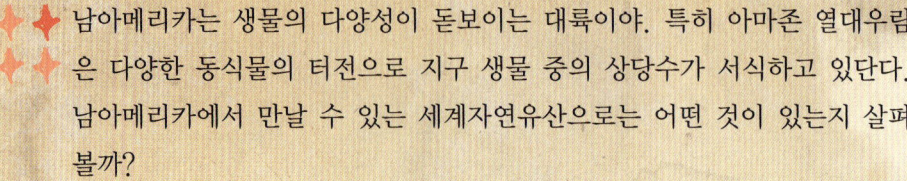

✦✦ 남아메리카는 생물의 다양성이 돋보이는 대륙이야. 특히 아마존 열대우림
✦✦ 은 다양한 동식물의 터전으로 지구 생물 중의 상당수가 서식하고 있단다.
남아메리카에서 만날 수 있는 세계자연유산으로는 어떤 것이 있는지 살펴
볼까?

에콰도르 갈라파고스제도

"동물을 만지거나 먹이를 주지 않고, 쫓아가지도 않으며, 육지에서 어떤 동물도 가지고 들어가지 않고 이 섬에서 저 섬으로 흙 한 톨조차 옮기지 않겠습니다."

갈라파고스제도에 들어가기 전에는 반드시 이 내용에 서명을 해야 한단다.

갈라파고스제도는 '살아 있는 박물관과 진화의 전시장'이라고 할 정도로 매우 독특한 해양 생태계를 이루는 지역이야. 특히 세 개의 해류가 만나는 지점이기 때문에 해양생물들의 보물창고로도 알려져 있단다. 1978년 세계자연유산에 등재됐어.

이곳이 유명해진 것은 1835년 찰스 다윈이 비글호를 타고 방문하여 이곳에 사는 희귀동물을 조사해 진화론을 완성한 '종의 기원'이라는 책을 썼기 때문이야. 산타크루즈 섬에는 다윈의 업적을 기리기 위한 다윈연구소가 들어서 있단다.

이곳의 명물은 코끼리거북이야. 단 한 마리 남은 갈라파고스코끼리거북이지만 안타깝게도 작년에 숨을 거두면서 갈라파고스코끼리거북은 멸종되었단다. 그밖에 육지이구아나, 갈라파고스땅거북, 핀치 등이 살고 있어.

갈라파고스코끼리거북

육지이구아나

브라질과 아르헨티나 이과수국립공원

세계 최대의 이과수 폭포와 밀림으로 이루어진 이과수국립공원은 브라질과 아르헨티나에 걸쳐 있으며, 두 나라 모두의 국립공원으로 지정되어 있단다. 이과수 폭포는 아프리카의 빅토리아 폭포, 미국의 나이아가라 폭포와 함께 세계 3대 폭포 중 하나야.

원주민 언어로 '이과'는 '물'이고, '아수'는 '크다'라는 뜻이야. 말 그대로 '커다란 물'이란 말이지.

이과수 폭포

이과수 폭포는 하나의 거대한 폭포가 아니라 257개의 폭포가 겹쳐 떨어지면서 아름다운 풍경을 자아낸단다. 1억 2천만 년 전에 흘러내린 현무암질 용암이 굳어서 형성된 용암대지에 거대한 단층 운동이 일어났고, 이 단층에 의해 경사가 바뀌는 지점에 폭포가 형성된 거야. 산책로를 따라 걷다보면 나무 사이로 드러난 현무암을 쉽게 관찰할 수 있어.

이과수 폭포에서 가장 유명한 곳은 '악마의 목구멍'이야. 물이 떨어지는 높이가 가장 높은 곳인데, 그 소리가 마치 으르렁거리는 악마의 소리와 같다고 해서 붙여진 이름이야. 폭포 주변은 엄청난 굉음이 들리기는 하지만 늘 아름다운 무지개가 피어난단다. 이과수국립공원은 1986년 세계자연유산에 등재됐어.

냠냠 짭짭, 음식으로 지구 한 바퀴 V

인류 최초의 요리사는 누구일까?
아프리카에서 출발한 인류는 원숭이와 비슷했던 오스트랄로피테쿠스와 도구를 사용했던 호모하빌리스를 거쳐 호모에렉투스에 이르러 드디어 불을 사용하게 됐단다. 날것을 먹던 인류는 드디어 불에 구운 음식을 먹게 됐지. 있는 그대로 먹지 않고 '조리'라는 과정을 거치게 된 거야. 이런 의미에서 인류 최초의 요리사는 호모에렉투스라고 볼 수 있어.
호모에렉투스는 불을 가지고 아프리카에서 유럽을 거쳐 아시아로 이동했어. 구석기, 신석기가 이어지면서 자연환경에 맞는 새로운 요리법이 개발됐단다. 또 각 나라의 문화와 예술에 따라 다양한 음식이 만들어졌지.
우리나라는 사계절이 뚜렷한 온대기후여서 계절별로 먹는 음식이 달랐단다. 봄에는 진달래화전, 쑥국, 냉이무침, 달래무침이 상에 올랐고, 여름에는 육개장, 백숙 등 보양 음식과 참외, 수박 등의 과일이 더위로 지친 입맛을 돋우었지. 가을에는 햅쌀로 빚은 송편을, 겨울에는 만두와 설렁탕으로 몸을 보양했단다.
우리와 자연환경이 다른 지구촌 친구들은 어떤 음식을 먹을까?

V 냠냠 짭짭, 음식으로 지구 한 바퀴

01 진정한 웰빙 아시아

아시아는 쌀 생산량이 많은 곳이야. 특히 동남아시아는 1년에 3번이나 수확하지. 그래서 쌀과 관련된 요리가 매우 발달했단다. 어떤 음식이 있는지 살펴볼까?

✦ 김치

나는 동방예의지국 한국에서 온 김치야. 한국식 샐러드로, 유산균이 듬뿍 담긴 발효 음식이지. 살찌지 않으면서 비타민이 듬뿍 들어있는데다 항암 효과까지 입증된 진정한 웰빙 음식이야. 내 친구 불고기, 잡채, 비빔밥과 함께 우주인들을 위한 우주식품으로 선정되기도 했어. 매콤한 나를

김치

131

뜨듯한 밥 위에 올려 먹으면 그게 바로 한국의 맛이란다.

✦ 스시(생선 초밥)

나는 일본에서 태어난 스시야. 시큼한 맛이라는 뜻으로, 생선을 발효시켜 만든 음식이지. 16세기에 등장했으니 400살이 훨씬 넘었어. 지금은 전 세계인이 즐겨 먹는 음식이란다.

일본 사람들은 숙성된 맛을 즐겨서 갓 잡은 신선한 생선보다 며칠 삭힌 생선을 더 좋아해. 그래서 스시가 탄생했어.

아차차, 스시는 고추냉이를 섞은 간장에 찍어먹어야 제맛이야. 생선을 먹지 못하는 사람도 고추냉이의 톡 쏘는 맛 때문에 비린내를 느끼지 못하게 된단다. 톡 쏘고 시큼한 스시, 먹어보지 않을래?

생선 초밥

✦ 둥포러우

나는 중국식 돼지고기찜 요리야. 돼지고기에 간장과 갖가지 향신료를 넣어 조리해서 향, 맛, 색감이 뛰어난 요리로 인정받았어. 돼지고기의 비곗살과 살코기가 반반씩 섞여 부드러우면서도 느끼하지 않단다.

송나라 시인 소동파에 의해 만들어진 둥포러우는 특별한 요리법과 깊고 진한 맛과 향으로 유명해서 중국인뿐만 아니라 세계인들의 입맛까지 사로잡았단다.

둥포러우

✦ 아세안의 삼총사

앞에서 대한이가 아시아를 소개할 때 동남아시아국가연합인 아세안도 등장했지? 포, 톰얌쿵, 나시고렝 삼총사는 그곳에서 왔어. 포는 베트남, 톰얌쿵은 태국, 나시고렝은 인도네시아에서 왔어.

포는 흔히 볼 수 있는 베트남 쌀국수를 의미해. 불린 쌀가루를 달구어진 판 위에 얇게 펴서 말리다가 어느 정도 마르면 떼어내 칼국수보다 얇게 썰어 요리하는 음식이야. 여기에 소고기를 넣으면 포보, 닭고기를 넣으면 포가라고 한단다.

원래 베트남에서는 소고기를 먹지 않았지만 19세기에 프랑스의 식민지가 되면서 프랑스군에 의해 소고기를 곁들인 쌀국수를 먹으면서 맛과 영양이 더욱 풍부해졌어.

나는 톰얌쿵이야. 이름이 좀 어렵지? 한국식으로 말하면 해물탕이야. 태국은 해산물의 천국이야. 새우에 고추, 레몬그라스, 라임 등의 각종 향신료와 소스를 넣고 끓인 음식으로, 매운맛, 단맛, 짠맛, 신맛을 모

포, 톰얌쿵, 나시고렝

두 느낄 수 있는 음식이란다. 토마토를 넣고 끓인 생선탕인 프랑스의 부야베스, 상어지느러미 요리인 중국의 삭스핀과 함께 세계 3대 수프에 꼽혀.

나시고렝은 인도네시아의 전통음식으로 일종의 볶음밥이야. 나시는 인도네시아 말로 '쌀'이고, 고렝은 '볶다'라는 뜻이야. 각종 야채에 소고기, 돼지고기, 닭고기 등을 넣고 특유의 향신료로 양념하여 볶아내는 음식이야. 요즘 사람들은 올리브유를 많이 쓰는데 원래 인도네시아에서는 코코넛 기름을 사용해. 그래서 더욱 고소한 맛이 난단다. 우리나라 사람들이 하루 한두 끼는 반드시 먹는 음식이야. 너희들에게 우리식 볶음요리를 대접할 날이 꼭 왔으면 좋겠어.

✦ 첼로케밥

악기 이름인 줄 알았지? 하하! 난 이란에서 가장 유명한 요리란다. 이란 사람들은 2가지 방법으로 밥을 짓는데, 쌀로만 지으면 '첼로', 쌀 말고 다른 재료를 섞어 지으면 '폴로'라고 불러.

케밥은 터키에서 유래되어 고기, 생선, 채소 등을 꼬챙이에 꿰어 구워먹는 꼬치구이야. 첼로케밥은 주로 양고기로 만들어. 닭고기로 만들면 주제케밥, 생선으로 만들면 머히케밥이라고 불러. 유목생활을 하는 이란 사람들은 음식을 간단하게 먹는 것을 좋아하지. 그래서 그릇이 필요 없는 꼬치구이를 주로 해먹었어.

양고기와 밥은 중동 지역 사람들이 가장 즐겨먹는 음식이야. 사우디

아라비아에도 나와 비슷한 음식이 있는데, '캅사'라고 해. 밥 위에 구운 양고기를 올려 먹는 음식이란다.

✦ 커리

'인도에는 카레가 없다'는 말을 들어본 적 있니? 한국의 카레와는 다른 인도 커리에 대해 소개할게.

케밥

커리는 남쪽 인도에서 사용하는 타밀어로 '소스'를 뜻해. 강황과 고추 등을 넣은 일종의 향신료야. 인도에서는 3000년 전부터 의약품과 방부제로 사용한 갖가지 향신료를 카레에 섞어서 먹었단다. 커리를 먹을 때는 한국처럼 한꺼번에 밥에 섞어 먹기도 하고, 난이라는 인도 전통빵에 묻혀 먹기도 하지.

커리

커리 종류도 매우 다양한데 팔락 빠니르는 시금치와 인도식 치즈인 커티지 치즈를 듬뿍 넣은 초록색 커리이고, 치킨 마카니는 신선한 토마토에 크림과 향신료로 맛을 낸 연한 치킨 커리야. 머튼 코르마는 양고기로, 프로운 빈달루는 새우로, 차나 마살라는 콩으로 만들었단다.

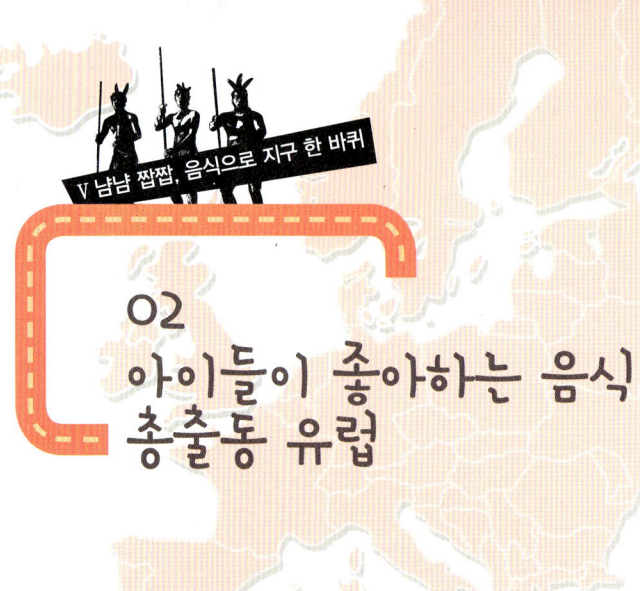

02
아이들이 좋아하는 음식 총출동 유럽

높은 산맥으로 둘러싸인 유럽 대륙의 가운데에는 대평원이 자리잡고 있지만, 땅이 기름지지 않아서 쌀농사를 지을 수가 없어. 그래서 유럽인들의 주식이 밀로 만든 빵일 수밖에 없단다. 빵 말고 유럽에는 어떤 유명한 음식이 있을까?

◆ 마르게리타 피자

우와! 첫 번째로 피자를 소개하게 돼서 기뻐. 세계 어린이들이 가장 좋아하는 음식 중 하나인 피자는 얇고 납작한 빵이라는 뜻이야. 11세기 이탈리아 나폴리에서 시작됐으니 역사가 아주 오래됐지.

그중 마르게리타 피자는 19세기에 만들어졌는데, 이렇게 유명해진데는 이유가 있단다. 당시 이탈리아 왕이었던 움베르토 1세와 왕비 마르게리타가 나폴리를 방문하게 됐어. 왕비는 피자가 먹고 싶었지만 백성들처럼 피자가게에 갈 수 없었지. 그래서 피자 요리사를 궁으로 불렀단다. 피자 요리사는 왕비를 위해서 모차렐라 치즈를 듬뿍 넣고 토마토를 얹은 후 이탈리아 국기의 색깔인 빨강, 하양, 초록색의 재료들로 피자를 꾸몄어. 왕비가 맛있게 먹은 것은 두말할 것

마르게리타 피자

도 없지. 이후 왕비의 이름을 따서 이 피자를 마르게리타 피자라고 불렀단다. 앞으로 피자를 먹을 때는 이탈리아 왕비를 기억해주렴.

✦ 소시지

그러고 보니 유럽에는 어린이들이 좋아하는 메뉴가 많구나. 소시지도 그렇지. 소시지는 라틴어로 소금에 절인 고기라는 뜻이야. 처음에는 고기에 소금을 뿌려 먹다가 점차 창자에 넣어 말리거나 익혀 먹으니 훨씬 맛이 있어서 지금의 형태가 되었어.

소시지

프랑크소시지는 프랑크푸르트에서 만들어져서 붙여진 이름이야. 돼지고기와 소고기를 섞어서 맛이 더 좋지.

독일에서는 해마다 9월이면 세계 맥주축제인 옥토버페스트가 열려.

가장 인기 있는 안주는 당연 소시지지. 현재 독일에서 생산되는 소시지는 1000여 가지가 넘는다는구나.

✦ 퐁듀

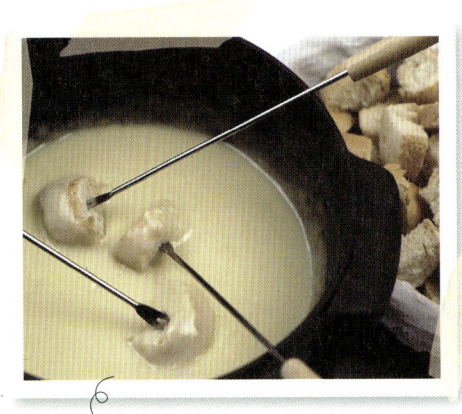
퐁듀

이름이 좀 낯설지? 나는 스위스 요리야. 스위스인들은 알프스 산맥에서 요들송을 부르며 즐겁게 생활할 것 같지만 눈이 많이 오는 스위스의 겨울은 길고 지루하단다. 그래서 만든 별미가 바로 퐁듀야.

보통 빵에 치즈를 발라먹지만 퐁듀는 끓인 치즈에 빵을 찍어먹는단다. 그러다가 점차 꼬챙이에 빵, 고기, 말린 과일을 꽂아 끓인 치즈에 찍어 먹게 되었지. 긴긴 겨울밤, 스위스 사람들은 퐁듀를 먹으며 간단한 놀이도 하면서 즐겁게 보낸단다.

✦ 유럽의 3대 빵

🔺 바게트

나는 빵 중에서 가장 키가 커. 바게트는 프랑스 말로 '막대기'라는 뜻으로, 프랑스인들이 가장 즐겨 먹는 빵이야. 겉은 딱딱하지만 속은 부드러워 잼을 발라먹기 좋거든.

바게트와 베이글

나와 비슷한 친구가 있는데 미국의 베이글이야. 베이글은 유태인이 개발했어. 끓는 물에 밀가루 반죽을 살짝 데쳐서 화덕에 구웠더니 며칠이 지나도 상하지 않았대. 게다가 반지처럼 가운데가 뚫려 있어서 한 번에 여러 개를 옮기기도 쉬웠고. 19세기에 유태인이 미국으로 대거 이동하면서 미국에서 많이 먹게 되었어.

▲ 머핀

"Do you know the muffin man, the muffin man, the muffin man~."(머핀 요리사를 알고 있니? 머핀 요리사, 머핀 요리사)

이런 노래를 알고 있니? 나는 영국에서 가장 유명한 빵이야. 머핀은 '부드러운 빵'이라는 뜻으로, 차와 함께 아침 식사로 인기가 높단다.

내 친구 스콘은 속을 넣지 않고 가볍게 부풀도록 구운 빵이야. 홍차와 함께 먹으면 더욱 맛이 좋단다.

▲ 와플

나는 1734년 영국의 어느 요리사에 의해 우연히 만들어졌어. 어느 날, 그릴

머핀과 스콘

◁ 와플

에서 스테이크와 팬케이크를 굽고 있던 그는 고기를 연하게 하려고 막대기로 고기를 두드리고 있었대. 그런데 부인이 말을 시키는 바람에 딴 곳을 보다가 고기 대신 팬케이크를 계속 두드린 거야. 놀란 요리사가 팬케이크를 보니 자신이 막대기로 두드리는 바람에 팬케이크에 홈이 파여 있었어. 그 순간 요리사는 파인 홈 때문에 시럽이 흐르지 않을 거라고 생각했지. 격자 무늬의 내 모습은 바로 이렇게 탄생했단다.

▲ 슈니첼

◁ 슈니첼

안녕! 나는 독일과 오스트리아 사람들이 가장 좋아하는 음식 중 하나야. 한국에서는 돈가스라고 부르지. 재료에 따라 소고기, 돼지고기, 치킨 슈니첼이 있어.

돈가스와 뭐가 다르냐고? 2가지 정도가 달라. 일단 나는 크기가 매우 커. 양으로 승부하지. 소스를 뿌려주는 한국의 돈가스와 달리 전통 슈니첼은 소스 없이 감자튀김, 샐러드와 함께 나오는 음식이야. 굉장히 담백하고 부드럽단다.

V 냠냠 짭짭, 음식으로 지구 한 바퀴

03
굽고, 튀기고, 끓이고
아메리카

아메리카가 발견되기 이미 오래전부터 아메리카 대륙에는 많은 사람들이 살고 있었어. 이들은 고대 마야, 잉카, 아즈텍 문명을 일으켰지. 아메리카 대륙의 원래 주인은 어떤 음식을 먹었는지 살펴볼까?

✦ 타코

나는 멕시코 사람들의 주식이야. 옥수수 가루로 만든 토르티야에 채소와 고기 등을 넣고 반으로 접어서 소스를 뿌려 먹는 것이지. 한국 사람들이 먹는 쌈과 비슷한데 그보다 좀더 크다고 보면 돼.

토르티야에 싸서 먹는 재료와 소스에 따라 종류가 다양하지만 대부분 살사라는 매운 소스를 뿌려 독특한 멕시코의 맛을 즐긴단다.

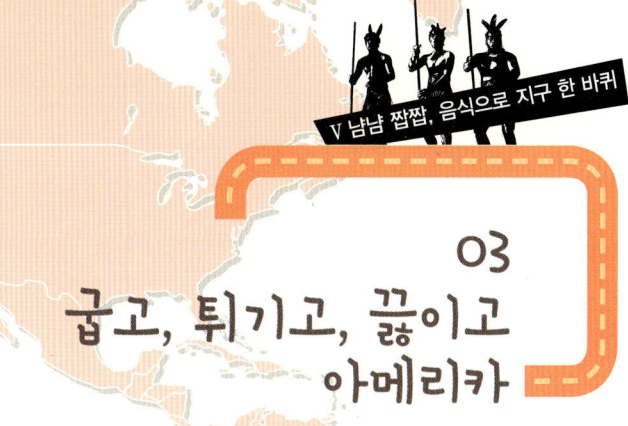

타코

타코는 포크나 칼이 아니라 손으로만 먹어. 누구나 손쉽게 먹는 음식으로 길거리뿐만 아니라 고급 음식점에서도 맛볼 수 있단다.

✦ 엠파나다

엠파나다

안녕! 나는 콜롬비아에서 왔어. 밀가루 반죽에 고기와 야채 등을 넣고 오븐에 굽거나 기름에 튀겨내는 음식이야. 한국이나 중국의 군만두와 비슷해.

반달 모양, 동그란 모양 등 모양이 다양하며, 보통 만두보다 3~4배 정도 크고, 온 가족이 먹을 수 있을 만큼 큰 것도 있단다. 디저트로 먹는 엠파나다 속에는 과일을 넣는단다.

✦ 아사도

아사도

나는 아르헨티나 목동들이 숯불에 구워먹는 소고기 구이야. 우리나라에는 팜파스라고 불리는 넓은 초원이 있어. 목동들은 하루 일과가 끝나면 숯불을 피워 소고기의 갈비뼈 부위를 통째로 구워 먹었어. 다른 양념을 하지 않고 굵은 소금만 뿌려서 간을 맞췄지. 아마도 목동들은 쉽게 준비할 수 있고 고기의 깊은 맛을 느끼기 위해서 소금만 사용한 것 같아.

✦ 페이조아다

아메리카에는 구운 음식만 있는 것은 아니야. 브라질에서 태어난 나는 끓인 음식이야. 일종의 스튜지.

내게는 슬픈 역사가 있단다. 날 만든 사람들은 아프리카 노예들이었어. 브라질의 사탕수수 밭에서 일을 하기 위

페이조아다

해 아프리카에서 끌려온 흑인 노예들은 먹을 것이 부족해서 늘 배가 고팠어. 그래서 흑인 노예들은 백인 주인이 먹고 버린 돼지의 귀, 꼬리, 발, 내장 등을 검은콩과 함께 넣고 푹 삶아 먹었어.

페이조아다는 영양도 많고 열량이 높아 브라질 사람들이 즐겨 먹는 음식 중 하나야. 지금은 고급 레스토랑에서 파는 비싼 요리가 됐단다.

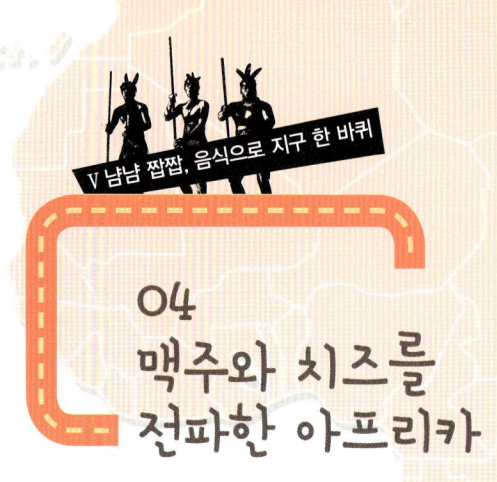

Ⅴ 냠냠 짭짭, 음식으로 지구 한 바퀴

04 맥주와 치즈를 전파한 아프리카

　기아의 땅 아프리카에도 맛있는 음식이 있을까. 고대 이집트에 살았던 사람들은 맥주와 치즈를 만들어 먹었어. 이 음식들이 유럽으로 건너가 오늘날 유럽을 대표하는 음식이 되었단다. 그럼 '태양의 땅' 아프리카의 음식을 살펴볼까?

✦ 고대 이집트의 맥주

　맥주는 '마신다'는 뜻의 라틴어 '비베레'에서 나왔어. 세계인의 사랑을 받는 맥주는 언제 어떻게 탄생했을까?

　맥주는 기원전 4000년경 중동 지역인 메소포타미아 지방의 수메르인들이 최초로 만들었단다. 말린 보리로 만든 빵을 부수어 물에 섞어 맥주를 만들었어.

　오늘날의 맥주는 기원전 3000년경 이집트 나일 강변에서 수확한 대맥으로 만든 맥주와 비슷해. 유럽 맥주의 고향을 아프리카로 보는 것은 기독교 전파를 위해 로마에서 유럽으로 파견된 수도사들이 수도원에서 맥주를 양조하면서 유럽에 전해졌기 때문이야.

맥주

1516년 독일 빌헬름 4세는 맥주법을 발표했는데 맥주를 만들기 위해서는 대맥, 호프, 물의 세 가지 원료 이외에는 사용해서는 안 된다는 것이었어. 그래야 맥주의 품질을 유지할 수 있다고 믿었던 거지.

농사를 짓고 피라미드와 신전 만들기에 힘들었던 이집트인들이 시원한 맥주를 마시던 모습을 상상해 보렴.

✦ 고대 이집트의 치즈

치즈도 세계 최초의 문명인 메소포타미아에서 시작됐어. 그러다가 이집트 문명으로 전파되고 로마가 이집트를 정복하면서 유럽으로 퍼져갔어.

그럼 치즈는 어떻게 탄생하게 됐을까? 사막을 건너던 상인이 양의 위를 말려서 만든 가죽 주머니에 양의 우유를 넣어 낙타 등에 얹어 놓았어. 오랫동안 걷다가 지친 상인이 우유를 마시려고 주머니를 열어보니 우유가 흰 덩어리로 변해 있었던 거야. 양의 위

주머니 안의 효소가 우유에 작용해 하얀 덩어리를 만들고 사막의 뜨거운 열기가 더해져 치즈가 된 것이지.

　사람들은 치즈를 아주 좋아했어. 18세기 초에는 존경하는 사람에게 치즈를 보내는 관습이 있었고, 로마 제국 사람들은 치즈를 사치품으로 여길 정도였어. 아프리카에서 시작되었지만 지금은 유럽을 대표하는 음식인 치즈는 저장과 운반이 쉽고 영양이 풍부해서 고대에서 현대에 이르기까지 전 세계인들이 좋아하는 음식이란다.

쿠샤리

✦ 쿠샤리

　이집트 사람들의 주식인 쿠샤리는 쌀에 마카로니, 콩 등 여러 재료를 넣고, 그 위에 고추소스 같은 매운 소스를 뿌려 먹는 음식이야. 이집트 반정부 시위인 '쿠샤리 혁명'에서 이름을 따왔단다.

　콩요리의 대표국가는 바로 우리 이집트야. 이집트의 요리에는 거의 콩이 들어가거든.

인제라

✦ 인제라

　에티오피아 사람들은 주식으로 인제라를 먹어. 인제라는 얇고 둥근 모양의 아프리카 전통빵이야. 좁쌀같이 생긴 테프로 만든 인제라를 접시처럼 넓게 펼쳐 놓고, 그 위에 와트(반찬)를 올린 후 먹을 만큼 인제라를 찢어서 먹는단다.

✦ 우갈리

케냐, 탄자니아의 주식으로, 우리나라의 떡과 비슷해.

옥수수 가루를 물에 타서 끓이면 밀가루 반죽 같은 것이 만들어져. 그 반죽을 손으로 주물럭거려 빵처럼 둥글게 만들어 먹는단다. 영양가도 없고, 아무 맛이 없기 때문에 소금으로 간을 한 삶은 콩 같은 것을 곁들여 먹는단다.

우갈리

밥상의 탄소발자국

장맛비가 주룩주룩 내리는 수요일 아침, 초등학교 6학년인 지원이는 쌀밥, 미역국, 깍두기, 콩나물, 소고기장조림으로 아침 식사를 했어.

그런데 이렇게 식단을 차릴 경우 자동차 1대가 11.43km를 달릴 때 발생하는 이산화탄소량과 맞먹는 $2283CO_2e$가 발생한다고 해. 밥상에서도 이산화탄소가 발생한다는 말일까?

지원이는 농림수산식품부가 오픈한 '스마트 그린푸드 홈페이지 (www.smartgreenfood.org)'에서 오늘 먹은 아침 밥상의 탄소발자국을 계산해봤어.

> 12세 여자 : 1일 2000kcal 섭취 → 쌀밥 $115gCO_2e$, 미역국 $663gCO_2e$, 깍두기 $68gCO_2e$, 콩나물 $61gCO_2e$, 소고기장조림 $1376gCO_2e$

밥상 메뉴의 CO_2e를 모두 합하니 $2283CO_2e$가 됐어. 농산물 생산단계에서 $1880gCO_2e$, 수송단계에서 $18gCO_2e$, 조리단계에서 $385gCO_2e$의 온실가스가 배출됐어. 이렇게 1년 동안 식사를 하면 온실가스 배출량은 2500kg에 달할 정도야.

2500kg이 얼마나 많은 양이냐 하면 20년 된 소나무 857그루가 1년 동안 흡수하는 CO_2e양과 같아.

지원이의 아침 밥상 메뉴의 재료는 그나마 우리나라에서 생산되는 재료라서 수송단계에서 발생하는 온실가스량이 적어. 하지만 파인애플이나 오렌지 등 수입산 채소가 들어가면 수송단계에서의 온실가스량은 급격히 늘어난단다.

그럼 밥상의 탄소발자국을 어떻게 줄일까? 푸드마일리지와 조리법에 해답이 담겨 있어.

장바구니에 담기는 모든 식재료는 푸드마일리지를 가지고 있어. 이 마일리지는 '식품의 생산에서 소비자의 밥상까지의 거리'라고 이해하면 돼. '운송량×운송거리'로 계산하거든. 예를 들어 바나나 5t을 1000km 운송할 때 발생되는 푸드마일리지는 5t×1000km=5000tkm가 되는 거야.

푸드마일리지로 보면 자국에서 생산되거나 운송거리가 짧은 식재료는 이동거리가 짧은만큼 탄소발생량이 적어. 하지만 수입 농산물은 장거리를 이동하기 때문에 탄소배출량이 그만큼 많아진단다. 그리고 전기를 많이 쓰는 조리기구를 사용하는 요리일수록 탄소배출량은 더욱 많아지지.

지구를 위협하는 것은 지구온난화와 환경오염이야. 우리 식탁에서 탄소발자국을 줄이는 것이 지구를 살리는 첫걸음일지 몰라.

149

부록5 세계의 자연유산 오세아니아편

✦✦ 오세아니아는 아시아 대륙과 아메리카 대륙으로부터 고립되어 있어 독특한 동물이 분포하고 있어. 오세아니아에서 만날 수 있는 세계자연유산으로는 어떤 것이 있는지 살펴볼까?

프레이저 섬

오스트레일리아 프레이저 섬

총 면적 1630㎢에 이르는 세계에서 가장 큰 모래섬이란다. 최대 길이 122km, 최고 높이 250m라니 정말 거대하지? 1992년 세계자연유산에 등재됐어.

섬의 시작은 빙하시대로 거슬러 올라가. 어마어마한 바람에 의해 뉴사우스웨일즈로부터 이곳으로 날아온 모래는 수천 년 동안 해수면을 바꾸어 프레이저 섬을 만들었어. 지금도 섬은 끊임없이 모양을 바꾸며 진화하고 있단다.

이 섬은 100% 모래밖에 없어. 인간이 만든 콘크리트 건물은 전혀 없지. 대신 다양한 식생을 자랑한단다. 파도가 들이치는 모래 해안, 맹그로브습지와 열대우림, 황야에 자생하는 관목인 히스 등이 장관을 이루지.

프레이저 섬에는 부만진 호수를 비롯해 모래 언덕 위에 형성된 민물 호수가 40여 개가 있는데, 수정처럼 맑기로 유명해. 특히 와비 호수는 2km의 열대우림을 헤치며 걸어가야 찾을 수 있는 숨은 호수야. 삼면이 열대우림(유칼리나무)으로 둘러싸여 있고, 이곳은 모래 언덕이 물가와 맞닿아 있단다.

뉴질랜드 테 와히포우나무공원

깎아지른 듯한 피오르드 절벽과 호수, 폭포가 아름다운 이곳은 빙하와 숲, 희귀동물이 아름답게 조화를 이뤄 '지상의 낙원'이라고 불린단다. 1990년 세계자연유산에 등재됐어.

연평균 강우량이 6000mm 이상으로 세계에서 가장 습한 지역 중에 하나인 테 와히

포우나무공원은 면적이 2만 6000㎢로 뉴질랜드에서 가장 큰 국립공원인 피오르드랜드, 어스파이어링 산, 아오라키·쿡 산, 웨스트랜드 등 4개의 국립공원으로 이루어져 있어. '테 와히포우나무'는 마오리족 말로 '초록색 돌이 있는 곳'이라는 뜻이야.

세계에서 가장 아름다운 산길인 '밀포드 트랙'이 있고, 멸종 위기의 날지 못하는 새인 타카헤, 고산 앵무새 케아도 이곳에 산단다. 공원의 3분의 2 정도가 800년 이상 된 너도밤나무로 뒤덮여 있단다.

테 와히포우나무공원

오스트레일리아 울루루

'지구의 배꼽', '오스트레일리아의 붉은 심장'으로 불리는 울루루는 해발고도가 867m, 높이가 330m, 둘레 9.4km로, 세계에서 가장 큰 단일 바위란다. 이는 겉으로 드러난 모습일 뿐 바위의 3분의 2가 땅속에 묻혀 있다고 하니 그 거대함이 상상을 초월한다. 울루루는 날씨와 시간에 따라 끊임없이 바위의 색이 변해. 태양이 비치는 방향에 따라 어두운 오렌지색으로, 그리고 다시 거무스름한 색으로 변하면서 멋진 장관을 연출한단다. 자연적인 가치와 수백 년 원주민의 역사와 문화가 담긴 울루루는 1987년 유네스코 복합유산(자연유산+문화유산)으로 지정되었어.

울루루

사진 제공

교학사_17쪽, 32-33쪽, 74쪽, 75쪽,
동아일보사_24쪽, 26쪽, 37쪽, 38쪽, 43쪽, 44쪽, 49쪽, 52쪽, 54쪽, 58쪽, 60쪽, 63쪽, 75쪽,
99쪽, 108쪽, 110쪽, 117쪽, 122쪽, 135쪽

2013년 4월 15일 1판 1쇄 발행
2014년 6월 15일 1판 4쇄 발행

지은이	허운주
그린이	유인주
발행인	김경석
펴낸곳	아이앤북
편집자	우안숙 정애영
디자인	황인옥
마케팅	정윤화 이나현
주 소	서울시 성동구 용답동 233-5
연락처	02-2248-1555
팩 스	02-2243-3433
등 록	제4-449호

ISBN 978-89-97430-39-0 73980

이 책에 실린 모든 내용, 디자인, 이미지, 편집 구성의 저작권은 아이앤북과 지은이에게 있습니다.
WWW.IANDBOOK.CO.KR 아이앤북은 '나와 책' '아이와 책' 이라는 뜻을 가지고 있습니다.

이 도서의 국립중앙도서관 출판시도서목록(CIP)은 e-CIP 홈페이지 (http://www.nl.go.kr/ecip)
에서 이용하실 수 있습니다. (CIP 제어번호 : CIP2013003466)